Thomas Diehn (Hrsg.)
Streitstände Kompakt
Band 6

Christian Kovács / Chris Thomale

Verwaltungsrecht
Allgemeiner Teil und
Verwaltungsprozessrecht

Christian Kovács / Chris Thomale:

Verwaltungsrecht: Allgemeiner Teil und Verwaltungsprozessrecht: Thomas Diehn (Hrsg.), Streitstände KOMPAKT – 1. Auflage – Dänischenhagen: Richter Verlag, 2008

(Streitstände KOMPAKT)

ISBN 978-3-935150-76-7

COPYRIGHT: Richter-Verlag
Hans-Peter Richter
Paul-Schroeder-Straße 18
24229 Dänischenhagen
Tel. 04349-1725
Fax 04349-571
E-mail: RICHTER-VERLAG@t-online.de
Website: www.Richter-Verlag.de

Druck und Verarbeitung: Druckerei Schmidt & Klaunig, Kiel
Alle Rechte vorbehalten.

1. Auflage 2008

ISBN 978-3-935150-76-7

Hinweise zur Arbeit
mit diesem Buch

Das Allgemeine Verwaltungs- und Verwaltungsprozessrecht spielt im juristischen Selbststudium und in der Klausurenvorbereitung erfahrungsgemäß eine nur untergeordnete Rolle. In der Überzeugung, der Schwerpunkt der Fallbearbeitung werde ohnehin im Besonderen Verwaltungsrecht liegen, **unterschätzen** Bearbeiter regelmäßig die **Bedeutung prozessualer Fragestellungen** und der **Probleme des allgemeinen Verwaltungsrechts.** Zu Unrecht: Fundierte Kenntnisse dieser grundlegenden Themen fördern nämlich nicht nur das Verständnis des Besonderen Verwaltungsrechts, oftmals erweisen sich Klausuren aus diesem Bereich auch als Fälle aus dem Allgemeinen Teil, die lediglich im Gewande des Besonderen Verwaltungsrechts daherkommen.

Die vorliegende Zusammenstellung umfasst **klausurrelevante Probleme** aus dem Allgemeinen Teil des Verwaltungsrechts und des Verwaltungsprozessrechts. Dem bewährten Prinzip der Streitstände-Reihe folgend, versteht sich auch dieser Band als „**Positiv-Skript**": Es soll dem Leser argumentative Grundlagen vermitteln, die ihm helfen, sich effizient und systematisch auf Klausuren und Hausarbeiten vorzubereiten. Hierzu werden in der gebotenen Kürze die **wesentlichen Streitlinien**, wie sie in Rechtsprechung und Literatur bestehen, aufgezeigt und in diskursiver Form systematisiert. Zusätzlich bietet beinahe jedes Problem einen Hinweis auf ausgesuchte Aufsätze und Urteile, die sich besonders zur Vertiefung eignen. Eine Neuerung stellen die in einem Quadrat neben der Überschrift hervorgehobenen Hinweise dar. Dort wird auf Fundstellen in bestimmten **Referenzkommentaren** Bezug genommen, welche sich mit dem jeweiligen Problem befassen. Dies erspart dem Leser das mühevolle Zusammensuchen entsprechender Quellen. Bei der Wahl der Kommentare orientieren sich die Autoren bewusst an den Werken, die in zahlreichen Bundesländern im Zweiten Staatsexamen als Hilfsmittel zugelassen sind: Neben *Kopp/Schenke* zur VwGO (K/S), *Kopp/Ramsauer* zum VwVfG (K/R) wurde daher außerdem *Jarass/Pieroth* zum GG (J/P) in der jeweils aktuellen Auflage ausgewählt. Zum Staatshaftungsrecht bietet *Palandt*, Kommentar zum BGB (Pal.) weiterführende Hinweise.

Die **Namen der Theorien**, wie sie in den einzelnen Streitständen auftauchen, dienen der Illustration der Problematik und stellen **keine offiziellen Bezeichnungen** dar. Vor ihrer Verwendung in Klausuren und Hausarbeiten kann nur abgeraten werden.

Obgleich vorliegend eine möglichst umfassende Bearbeitung des problematischen Rechtsstoffs angestrebt wird, kann und will dieser Band selbstverständlich das klassische Lehrbuch nicht ersetzen. Zur **begleitenden Lektüre** seien dem Leser daher einige Werke der Ausbildungsliteratur anempfohlen: Als grundlegendes Werk kann stets *Maurer*, Allgemeines Verwaltungsrecht – in der jeweils aktuellen Auflage – genannt werden, für die prozessuale Vorbereitung eignet sich *Schenke*, Verwaltungsprozessrecht (2007). Darüber hinaus sind nach Erfahrung der Autoren für die Einübung der Falllösungstechnik geeignet *Schwerdtfeger*, Öffentliches Recht in der Fallbearbeitung (2008) sowie *Seidel/Reimer/Möstl*, Beck'sches Examinatorium – Allgemeines Verwaltungsrecht (2005). Besonders **für Examenskandidaten** unerlässlich wegen seiner inhaltlichen Präzision bei gleichzeitiger Kürze ist *Seiler*, Verwaltungsrecht (2007).

Die Verfasser danken Notarassessor Dr. *Thomas Diehn* für die Aufnahme dieses Bandes in die von ihm begründete Streitstände-Reihe sowie dem Richter-Verlag für die Betreuung des Manuskripts. Für dessen kritische Durchsicht sei Frau stud. iur. *Tatjana Chionos* gedankt. Die wissenschaftliche Verantwortung für den Inhalt liegt ausschließlich bei den Autoren.

Für Anregungen und Kritik aus dem Leserkreis sind die Autoren stets dankbar. Hinweise sind willkommen und werden erbeten an die E-Mail-Adresse

verwaltungsrecht@juristische-streitstaende.de.

Heidelberg, im Februar 2008   Christian Kovács
                                                                  Chris Thomale

Inhalt

X

Verwaltungsprozessrecht

Jede klassische verwaltungsrechtliche Klausur oder Hausarbeit beginnt mit der **Prüfung der Zulässigkeit** einer verwaltungsgerichtlichen Klage. Obwohl dieser Punkt so gut wie nie den Schwerpunkt der Fallbearbeitung bildet, sind bereits hier **entscheidende Weichenstellungen** zu treffen, die Konsequenzen für den gesamten weiteren Verlauf der Prüfung haben. Darüber hinaus liest der Korrektor diesen Teil der Ausführungen des Bearbeiters zuerst, so dass hier ein **erster und oftmals entscheidender Eindruck** von der Qualität der weiteren Ausführungen vermittelt werden kann. Außerdem lauern auch in der Zulässigkeitsprüfung regelmäßig einige **(Standard-)Probleme**, die sich hervorragend zum Punktesammeln eignen. Es lohnt sich also, in der Prüfung prozessualer Probleme mehr als nur eine lästige Hürde zu sehen, die es zu nehmen gilt, ehe mit der „wirklichen" Falllösung in der Begründetheitsprüfung begonnen wird.

Die Verwaltungsgerichtsordnung (**VwGO**) ist das zentrale Gesetz des Verwaltungsprozessrechts. Als **Konkretisierung der Rechtschutzgarantie**, welche auf Verfassungsebene in **Art. 19 IV GG** normiert ist, gibt sie dem Bürger das Mittel an die Hand, mit dem er sich im Rahmen bestimmter förmlicher Rechtsbehelfe gegen Handlungen der Verwaltung verteidigen oder ein Tätigwerden erstreiten kann. Neben dem **objektivrechtlichen Gesetzmäßigkeitsprinzip** wird so auch dem **Schutz der subjektiven Rechte** des Einzelnen Rechnung getragen. In diesem Zusammenhang sind das **Vorverfahren**, das **erstinstanzliche Verfahren** sowie die **Vorschriften über den vorläufigen Rechtsschutz** von besonderem Interesse. Alle diese Verfahrensarten sind im **Teil II der VwGO** geregelt, welcher – neben den Regeln über den Verwaltungsrechtsweg nach §§ 40 ff. VwGO – das Herzstück des Prüfungsstoffs im Referendarexamen bildet. Die nachfolgenden Streitstände beschäftigen sich folglich in erster Linie mit Fragestellungen aus diesem Bereich, wobei dem in der Ausbildung oft als besonders schwierig empfundenen vorläufigen Rechtsschutz ein besonderer Stellenwert eingeräumt wurde (s.u. STREITSTÄNDE 19 FF.).

Die Eröffnung des Verwaltungs-rechtsweges gemäß § 40 VwGO

§ 40 VwGO ist die Generalklausel des Verwaltungsprozessrechts. Im Gegensatz zum Verfassungsprozessrecht, wo das in Art. 93 I, 100 GG, § 13 BVerfGG voraus-gesetzte Enumerationsprinzip zum Tragen kommt, reicht zur Eröffnung des verwaltungsgerichtlichen Rechtsweges das Vorliegen einer öffentlich-rechtlichen Streitigkeit nichtverfassungsrechtlicher Art. Die weitere Qualität des staatlichen Handelns spielt hierbei keine Rolle. Umstritten ist,

 **Streitstand** ⇨ **ob § 40 VwGO eine Zulässigkeits-voraussetzung der Klage normiert.**

a) Theorie der separaten Rechtswegzuständigkeit

Teilweise wird in der Literatur vertreten, § 40 stelle keine Zulässigkeitsvorausset-zung der verwaltungsgerichtlichen Klage dar und sei somit in der gutachterlichen Prüfung der Zulässigkeitsprüfung als Sachurteilsvoraussetzung voranzustellen.

Argument:

- Seit Einführung von § 17a GVG verwirft das angerufene Gericht bei eigener Unzuständigkeit den Rechtsstreit nicht mehr ohne Sachentscheidung als un-zulässig ab, sondern verweist ihn gemäß § 17a II 1 GVG an das zuständige Gericht. Diese Vorschrift findet über die Verweisungsnorm des § 173 VwGO auch Anwendung für das Verfahren vor den Verwaltungsgerichten (Stichwort: *§§ 173 VwGO, 17a GVG*).

b) Theorie der Zulässigkeitsvoraussetzung

Nach überwiegender Auffassung in Literatur und Rechtsprechung wird die Eröffnung des Verwaltungsrechtswegs trotz der Einführung des § 17a GVG weiterhin als Teil der Zulässigkeitsprüfung der Klage angesehen.

Argumente:

- § 17a GVG spricht selbst von der Zulässigkeit der Klage, so dass kein Grund besteht die Verwaltungsrechtswegeröffnung nicht auch weiterhin als Teil der Zulässigkeit zu prüfen (Stichwort: *Wortlaut*).

- Die eigentliche Sachentscheidung in den Fällen der fehlenden Rechtswegzu-ständigkeit ergeht nicht durch das verweisende Gericht, sondern durch das Gericht des anderen Rechtswegs. Ebenso wie beim Fehlen anderer Zuläs-sigkeitsvoraussetzungen wird vom konkret angerufenen Gericht keine inhaltliche Entscheidung getroffen (Stichwort: *Sachentscheidung = Zuläs-sigkeit*).

3

Hinweise

- § 40 I 1 VwGO a.E. enthält eine Ausnahmeregelung für **bundesrechtliche Sonderzuweisungen**. Demnach können Bundesgesetze trotz Vorliegens einer öffentlich-rechtlichen Streitigkeit nichtverfassungsrechtlicher Art die Zuständigkeit eines anderen Gerichts als eines VG anordnen. Die wichtigste und demnach besonders prüfungsrelevante Sonderzuweisung bildet Art. 14 III 3 GG, der alle Entschädigungsansprüche aus Enteignung der Zivilgerichtsbarkeit zuweist.

- Umstritten ist, welche **Konsequenzen aus der abdrängenden Sonderzuweisung in § 40 II 1 VwGO** zu ziehen sind. Während für Schadensersatzansprüche wegen der Verletzung eines öffentlich-rechtlichen Vertrages Einigkeit dahingehend besteht, dass diese nach § 40 II 1 VwGO *e contrario* vor den VG geltend zu machen sind, ist noch unklar, ob dies auch für Ansprüche aus *culpa in contrahendo* gilt:

  - Zum Teil wird mit einem *a forteriori*-Schluss argumentiert und darauf hingewiesen, das diese Ansprüche ebenfalls vor die VG gehören, wenn schon vertragsfernere Schadensersatzansprüche dort geltend gemacht werden müssen.

  - Die überwiegende Gegenmeinung, der sowohl das *BVerwG* als auch der *BGH* folgt, sehen dagegen die Zuständigkeit der Zivilgerichte eröffnet, da Schadensersatzansprüche aus *culpa in contrahendo* regelmäßig mit Amtshaftungsansprüchen im Zusammenhang stehen, die vor die Zivilgerichte gehören.

- Vorsicht ist bei **§ 126 BRRG** geboten. Da die Rahmengesetzgebungskompetenz des Bundes nach Art. 75 GG durch die Föderalismusreform weggefallen ist, werden sich in Zukunft Änderungen im Zusammenhang mit dieser vormals so prüfungsrelevanten Norm ergeben.

- Umstritten ist, ob §§ 173 VwGO, 17a GVG auch auf die einstweilige Anordnung Anwendung findet, wobei dies von der herrschenden Meinung in Literatur und Rechtsprechung als unproblematisch bejaht wird.

Literatur

Leifer, JuS 2004, 956 ff.

4

Die sog. „Zweistufentheorie" differenziert bei Behördenentscheidungen über die Gewährung von Leistungen zwischen deren „Ob" und „Wie": Während die Bewilligung einer Leistung („Ob") stets eine Entscheidung des öffentlichen Rechts ist und per Verwaltungsakt ergeht, kann die Abwicklung der Leistungsgewährung („Wie") zivilrechtlich geregelt sein. Allerdings ist bis heute umstritten,

 **Streitstand** ⇨ **ob es der Zweistufentheorie überhaupt bedarf.**

a) Ablehnende Theorie

Teilweise wird vertreten, dass die Zweistufentheorie überflüssig sei und nicht mehr angewendet werden sollte.

Argumente:

- Die Zweistufentheorie reißt einheitliche Sachverhalte willkürlich auseinander und beruht auf einer Fiktion, dass eine behördliche Leistungsgewährung in zwei von einander trennbaren Schritten erfolgt (Stichwort: *Fiktives Auseinanderreißen von einheitlichen Sachverhalten*).

- Es existieren einstufige Rechtsverhältnisse, die in der Lage sind, alles das zu leisten, was über die Zweistufentheorie erst mühsam konstruiert werden muss: Verwaltungsakte mit Auflagen und Bedingungen oder Verwaltungsverträge im Sinne der §§ 54 ff. VwVfG (Stichwort: *Einstufige Rechtsverhältnisse ausreichend*).

b) Befürwortende Theorie

Ganz herrschend wird die Zweistufentheorie als adäquates Mittel zur Bestimmung des korrekten Rechtsweges bei bestimmten öffentlich-rechtlichen Leistungsgewährungen betrachtet.

Argumente:

- Die Zweistufentheorie hat gegenüber ablehnenden Theorien den praktischen Vorzug der einfachen Handhabbarkeit und führt dabei zu korrekten Ergebnissen (Stichwort: *Praktikabilität*).

- Die Formulierung und Systematik des § 102 II. WoBauG zeigt deutlich, dass der Bundesgesetzgeber selbst von der Anwendbarkeit der Zweistufentheorie ausgeht (Stichwort: *§ 102 II. WoBauG*).

- In Fällen, in denen die Verwaltung über die Gewährung einer Leistung entscheidet, diese jedoch von einem zwischengeschalteten Privaten gewährt wird, kann die ablehnende Theorie keine überzeugende Lösungsalternative aufweisen, wodurch das Argument, die Zweistufentheorie sei überflüssig, konterkariert wird (Stichwort: *Zweistufentheorie bei „Zwischenschaltung" von Privaten immer notwendig*).

Hinweise

- In der Mehrheit der prüfungsrelevanten Fallkonstellationen wird es keinen Unterschied machen, ob die Zweistufentheorie angewendet wird oder ein einstufiges Rechtsverhältnis angenommen wird, da beide Ansätze bezüglich der Gewährungsentscheidung als solcher („Ob") die öffentlich-rechtliche Natur der Handlung bejahen. Hier gilt der **Grundsatz**, dass das **Problem angesprochen, jedoch nicht entschieden** werden darf.

- Die Zweistufentheorie findet in erster Linie im Zusammenhang mit Entscheidungen über die Gewährung von **Subventionsdarlehen** und die Benutzung einer **öffentlichen Einrichtung** Anwendung. Darüber hinaus spielt sie bei der **Organisationsprivatisierung** eine Rolle, vor allem wenn eine kommunale Körperschaft öffentlichen Rechts ihre Einrichtung in privatrechtlicher Form betreibt: Hier wandelt sich der **Zulassungsanspruch**, der bei einer öffentlichen Einrichtung besteht, zu einem **Einwirkungsanspruch** des Bürgers, den die Körperschaft gegenüber der privatrechtlichen Einrichtung geltend machen muss und der notfalls auf dem Klagewege durchgesetzt werden kann.

- Auch in den genannten Hauptfallgruppen ist die Zweistufentheorie nicht schematisch anzuwenden. Der sog. **„verlorene Zuschuss"** bildet ein besonders prüfungsrelevantes Beispiel: Hier stellt die Auszahlung der bewilligten Mittel lediglich die Erfüllung des als begünstigender Verwaltungsakt ergangenen Subventionsbescheides und kein eigenständiges Abwicklungsverhältnis dar. Die Zweistufentheorie ist hier also fehl am Platze.

Literatur

Maurer, Allgemeines Verwaltungsrecht (2006), § 17 Rn. 11 ff.

Nach § 36 VwVfG können Verwaltungsakte grundsätzlich mit Nebenbestimmungen versehen werden. Im Wesentlichen werden fünf Arten von Nebenbestimmungen unterschieden: Befristung, Bedingung, Widerrufsvorbehalt, Auflage und Auflagenvorbehalt. Umstritten ist,

 **Streitstand** ⇨ **welche Form des Rechtschutzes gegen Nebenbestimmungen gegeben ist.**

a) Unterscheidung nach Art der Nebenbestimmung

Die früher herrschende Auffassung unterscheidet nach der Art der Nebenbestimmung danach, ob Anfechtungsklage gegen die Nebenbestimmung erhoben werden konnte oder der ursprünglich begehrte Verwaltungsakt im Wege der Verpflichtungsklage verfolgt werden musste.

Argument:

- § 36 II VwVfG unterscheidet nach seinem Wortlaut zwischen Befristung, Bedingung und Widerrufsvorbehalt, die mit dem Verwaltungsakt erlassen werden und damit dessen integraler Bestandteil sind, während Auflage und Auflagenvorbehalt lediglich mit dem Grundverwaltungsakt verbunden und somit selbstständig angegriffen werden können (Stichwort: *Wortlaut „erlassen werden mit" ≠ "verbunden mit"*).

b) Unterscheidung nach Art des Grundverwaltungsakts

Teilweise wird nach dem Grundverwaltungsakt differenziert: Handelt es sich hier- bei um einen Ermessenverwaltungsakt sei eine Verpflichtungsklage zu erheben, im Falle eines rechtlich gebundenen Verwaltungsakts könne dagegen mit der Anfechtungsklage gegen die Nebenbestimmung vorgegangen werden.

Argument:

- Im Falle eines Ermessenverwaltungsakts beruhen sowohl Grundverwaltungsakt als auch die Nebenbestimmung auf einer untrennbaren Ermessensentscheidung. Könnte der Bürger in derart gelagerten Fällen isoliert gegen die Nebenbestimmung vorgehen, würde der Behörde ein Restverwaltungsakt aufgedrängt werden, den sie so nicht gewollt hat (Stichwort: *Kein Aufdrängen von ungewollten Ermessensentscheidungen*).

c) Anfechtbarkeit aller Nebenbestimmungen

Insbesondere das *BVerwG* und die neuere Literatur vertreten die Auffassung, dass gegen alle Arten von Nebenbestimmungen mittels der Anfechtungsklage vorgegangen werden kann, solange der verbleibende Verwaltungsakt sinnvollerweise und rechtmäßigerweise bestehen bleiben kann.

- Aus der Formulierung „soweit" in § 113 I 1 VwGO ergibt sich die Möglichkeit des Betroffenen von vornherein nur auf eine Teilaufhebung des ursprünglichen Verwaltungsakts zu klagen, um einer kostenintensiven Teilabweisung der Klage gegen den gesamten Verwaltungsakt zu entgehen (Stichwort: *„soweit" in § 113 I 1 VwGO*).

- Das Gebot des effektiven Rechtsschutzes aus Art. 19 IV GG spricht für die Anwendung der Anfechtungsklage, da nur so das Eintreten des Suspensiveffekts nach § 80 I VwGO gewährleistet werden kann, mit der Folge, dass der Betroffene bis zur endgültigen Entscheidung vom Verwaltungsakt ohne Nebenbestimmung Gebrauch machen kann (Stichwort: *Suspensiveffekt des § 80 I VwGO*).

- Dies gilt – entgegen der obigen Theorie – insbesondere auch bei Ermessenverwaltungsakten, wobei allerdings aus Gewaltenteilungsgrundätzen heraus der Behörde, der ein Ermessen eingeräumt ist, in diesem Falle die Befugnis eingeräumt werden muss den Verwaltungsakt in der Form, wie er nach der Gerichtsentscheidung besteht nach § 49 II Nr. 2 VwVfG analog zurückzunehmen (Stichwort: *Bei Ermessen § 49 II Nr. 2 VwVfG analog*).

Hinweise

- Die sogenannte **„modifizierende Auflage"** ist keine Auflage im Sinne von § 36 VwVfG, sondern vielmehr die Gewährung eines *aliud* gegenüber dem ursprünglichen Antrag, also im Ergebnis die abschlägige Bescheidung desselben. Sie ist unstreitig mit der Verpflichtungsklage anzugreifen.

- Eine Auflage im Sinne des **§ 15 I Alt. 2 VersG** stellt ebenso wenig eine Auflage in Form einer Nebenbestimmung dar, da kein Grundverwaltungsakt existiert, mit der sie verbunden werden könnte: Nach Art. 8 I GG, § 14 VersG bedürfen Versammlungen lediglich einer Anmeldung und keiner Genehmigung, die in Form des Verwaltungsakts ergehen würde. Eine Auflage gem. § 15 I Alt. 2 VersG ist mithin selbst ein eigenständiger Verwaltungsakt.

Literatur

Axer, Jura 2001, 748 (751 ff.); *Schenke*, JuS 1983, 182 ff.

8

Die sog. Mitbewerberklage ist ein Unterfall der Konkurrentenklage, der die Situation zugrunde liegt, dass mehr Bewerber vorhanden sind als zur Verfügung stehende Begünstigungen (Beispiel: Arbeitsplatz, Zulassung zum Straßenfest usw.). Das Ziel des Klägers, ebenfalls in den Genuss einer Begünstigung gelangen, kann nur auf kosten eines bereits begünstigten Bewerbers erfolgen. Sehr umstritten ist,

Streitstand ⇨   **welches die richtige Klageart für eine Mitbewerberklage darstellt.**

a) Anfechtungs- und Verpflichtungsklage

Die Mehrzahl der *OVG* und die überwiegende Meinung im Schrifttum nehmen an, dass in Fällen der sog. Mitbewerberklage kumulativ Anfechtungs- und Verpflichtungsklage erhoben werden muss.

Argumente:

- Ohne eine zusätzliche Anfechtung der anderweitig vergebenen Begünstigungen stehen diese nicht zur Disposition der Behörde und werden bestandskräftig, wodurch sich dann auch die Verpflichtungsklage erledigt (Stichwort: *Vorrangige Anfechtungsklage, da sonst kein freier Platz*).

- Die von der Gegenansicht geltend gemachten Bedenken im Hinblick auf Art. 19 IV GG überzeugen schon deshalb nicht, da praktische Schwierigkeiten durch die Gewährung von Akteneinsicht nach § 29 VwVfG gelöst werden können (Stichwort: *Kläger kann Akteneinsicht nehmen*).

b) Verpflichtungsklage

Das *BVerwG* und die ihm folgende Literatur erachten die Erhebung lediglich einer Verpflichtungsklage für ausreichend.

Argumente:

- Das Gebot des effektiven Rechtsschutzes aus Art. 19 IV GG verbietet es, dem Konkurrenten aufzubürden, gegen unzählige, ihm regelmäßig zudem unbekannte Mitbewerber vorzugehen und eine Vielzahl von Prozessen zu führen (Stichwort: *Anfechtungsklage gegen Mitbewerber = Überforderung des Klägers*).

- Einer zusätzlichen Anfechtungsklage bedarf es schon deshalb nicht, weil die unterlegene Behörde bereits verpflichtet ist, eine rechtswidrige und noch nicht bestandskräftige Begünstigung aufzuheben, um sie dem obsiegenden

Konkurrenten zuzuteilen, der wiederum einen grundrechtlich verankerten Beseitigungsanspruch hat (Stichwort: *Behörde ohnehin schon verpflichtet, rechtswidrige Begünstigung aufzuheben*).

Hinweise

- Darüber hinaus gibt es noch zwei weitere Fälle der Konkurrentenklage, bei denen die richtige Klageart jedoch unstrittig ist:

    - Die **positive Konkurrentenklage**: Hier stehen genügend Begünstigungen für alle Beteiligten zur Verfügung, in deren Genuss der Übergangene kommen möchte. Richtige Klageart ist hier die **Verpflichtungsklage**.

    - Die **negative Konkurrentenklage**: In diesen Fällen versucht ein Mitbewerber einen Dritten um dessen Begünstigung zu bringen. Hier ist mit der **Anfechtungsklage** vorzugehen, wobei die Klagebefugnis unter Umständen problematisch sein kann.

- In beamtenrechtlichen Konstellationen der Konkurrentenklage ist zu berücksichtigen, dass der Grundsatz der Ämterstabilität und Vertrauensschutzaspekte nach ganz überwiegend vertretener Auffassung der rückwirkenden Beseitigung einer z.B. gegen Art. 33 II GG verstoßenden Beamtenernennung entgegenstehen. Diese ist wie die Beamtenentlassung ein sog. formeller Verwaltungsakt. Wenn hier also der Einstweilige Rechtsschutz nach § 123 VwGO zu spät kommt, kann allenfalls an eine Durchbrechung dieses Grundsatzes mittels Art. 19 IV GG gedacht werden.

Literatur

Schenke, NVwZ 1993, 718 ff.

In seltenen Fällen kann ein Rechtschutzbedürfnis des Bürgers dahingehend bestehen, dass er auf das normsetzende Handeln des Staates angewiesen ist. Ein Anspruch auf den Erlass formeller Gesetze ist nach allgemeiner Ansicht jedenfalls auf dem Verwaltungsgerichtsweg nicht zu erlangen. Umstritten ist aber,

 **Streitstand** ⇨ **ob eine Klage gerichtet auf den Erlass einer untergesetzlichen Rechtsnorm statthaft sein kann.**

a) Unzulässigkeit der Normerlassklage

Teilweise wird vertreten, die Normerlassklage sei generell unstatthaft.

Argumente:

- Für eine Normerlassklage ist schon der Verwaltungsrechtsweg nach § 40 VwGO nicht gegeben, weil wegen der sensiblen Materie eine verfassungsrechtliche Streitigkeit vorliegt (Stichwort: *Kein § 40 VwGO, weil verfassungsrechtliche Streitigkeit*).

- Die Normerlassklage läuft dem Grundsatz der Gewaltenteilung zuwider, da sich die Judikative dazu aufschwingt nicht mehr normanwendend, sondern quasi normsetzend tätig zu werden (Stichwort: *Gewaltenteilung*).

- Der *numerus clausus* der Klagearten spricht gegen die Normerlassklage: Insofern hat der Gesetzgeber in § 47 VwGO die gerichtliche abstrakte Behandlung von Normen abschließend geregelt und nach § 47 I Nr. 2 VwGO wesentlich in das Ermessen des Landesgesetzgebers gestellt (Stichwort: *§ 47 VwGO abschließend*).

- Es gibt kein rechtlich relevantes subjektives Interesse am Erlass einer abstrakten Rechtsnorm, daher fehlt immer die Klagebefugnis (Stichwort: *Kein subjektives Interesse*).

b) Passive Prozessführungsbefugnis

Vor allem die Rechtsprechung lässt die Normerlassklage weitestgehend zu.

Argumente:

- Eine verfassungsrechtliche Streitigkeit liegt schon deshalb nicht vor, weil in personeller Hinsicht die allgemein zu fordernde doppelte Verfassungsunmittelbarkeit fehlt (Stichwort: *Keine doppelte Verfassungsunmittelbarkeit*).

- Die Normerlassklage ist je nach Auffassung eine Feststellungsklage oder allgemeine Leistungsklage und verstößt damit nicht gegen den *numerus clausus* der Klagearten (Stichwort: **Kein Verstoß gegen den numerus clausus**).

- Verfassungsrechtliche Bedenken hinsichtlich der Gewaltenteilung greifen nicht durch, weil diese im Verhältnis Judikative und Exekutive, um welches es bei untergesetzlichen Normen geht, ohnehin durch die VwGO aufgeweicht wird, welche die allgemeine Leistungsklage und Verpflichtungsklage anerkennt (Stichwort: **Gewaltenteilung kein starkes Argument**).

- Dass kein anerkennenswertes subjektives Interesse am Normerlass bestünde, ist eine bloße Behauptung. Vor allem ist nicht einsichtig, inwiefern sich etwa eine Satzung in diesem Zusammenhang von der anerkanntermaßen gerichtlich erzwingbaren Allgemeinverfügung nach § 35 S. 2 VwVfG wesentlich unterscheidet (Stichwort: **Vergleich mit Allgemeinverfügung**).

Hinweise

- Ähnliche Probleme finden sich beim **Kommunalverfassungsstreit** (vgl. hierzu **STREITSTAND 6**): Auch bei diesem ist bereits der gegebene Verwaltungsrechtsweg fraglich, weil Insichprozesse einer Körperschaft grundsätzlich keine „Streitigkeit" im Sinne des § 40 VwGO darstellen. Letztlich muss aber eine Streitigkeit mit der ganz allgemeinen Ansicht bejaht werden, weil es um die Abgrenzung spezifischer Verantwortungsbereiche von Gemeindeorganen geht.

- Nach herrschender Ansicht können von der Normerlassklage **nur Außenrechtssätze** begehrt werden, also grundsätzlich keine reinen Innenrechtssätze wie etwa Technische Anweisungen.

- Hinsichtlich der einschlägigen **Klageart** kommen Leistungsklage und Feststellungsklage in Betracht. Wegen der Subsidiarität der Feststellungsklage erscheint die Leistungsklage vorzugswürdig, aber auch die Gegenansicht wird mit dem Argument vertreten, die Feststellungsklage greife weniger stark in die Kompetenzen der Exekutive ein und liefere einen im Ergebnis identischen Rechtsschutz, weil sich die Verwaltung regelmäßig an Feststellungsurteile halte.

Literatur

Köller/Haller, JuS 2004, 191 ff.

Der Kommunalverfassungsstreit ist eine verwaltungsrechtliche Streitigkeit im Innenrechtsverhältnis zwischen Organen oder deren Vertretern bzw. Teilen kommunaler Gebietskörperschaften um die Verletzung bestimmter Rechte. Trotz seiner großen praktischen Bedeutung ist er nicht in der VwGO geregelt. So ist umstritten,

 **Streitstand** ⇨ **welches die richtige Klageart im Kommunalverfassungsstreit ist.**

a) Theorie der Anfechtungsklage

Vereinzelt wird angenommen, der Betroffene müsste sich mittels einer Anfechtungsklage zur Wehr setzen können.

Argument:

- Die Rechtsverletzung durch Handeln stellt eine Maßnahme auf dem Gebiet des öffentlichen Rechts dar und berührt die betroffenen Organvertreter bzw. das Organteil unmittelbar in dessen individuellen Rechten, so dass ein Verhalten mit Verwaltungsaktqualität im Sinne von § 35 VwVfG vorliegt (Stichwort: *Verwaltungsakt*).

b) Ablehnende Theorie

Der Einsatz der Anfechtungsklage im Kommunalverfassungsstreit wird ganz überwiegend abgelehnt. Stattdessen soll – je nach Fallkonstellation – die allgemeine Leistungsklage oder Feststellungsklage Anwendung finden.

Argumente:

- Die Anfechtungsklage muss schon deshalb ausscheiden, weil kein Verwaltungsakt gemäß § 35 VwVfG vorliegt, der angegriffen werden könnte. Es fehlt als konstituierendes Merkmal des Verwaltungsakts die intendierte Außenwirkung. Der Betroffene im Kommunalverfassungsstreit ist gerade nicht als Individuum, sondern in seinen organschaftlichen Rechten betroffen (Stichwort: *Kein Verwaltungsakt mangels Außenwirkung*).

- Zwar sind auch die Feststellungsklage oder die allgemeine Leistungsklage regelmäßig auf Außenrechtsverhältnisse angelegt, doch gebietet der Grundsatz des effektiven Rechtsschutzes eine rechtsfortbildende oder zumindest analoge Anwendung der beiden Klagearten (Stichwort: *Leistungsklage und Feststellungsklage analog*).

13

Hinweise

- Die frühere Rechtsprechung einiger OVG, die für den Kommunalverfassungsstreit eine **Klageart** *sui generis* vorsahen, kann in der Zulässigkeitsprüfung Erwähnung finden, wird aber nicht mehr vertreten, da die Klagearten der VwGO für die Lösung dieser Fälle ausrechen.

- Umstritten ist im Zusammenhang mit dem Kommunalverfassungsstreit auch die **Beteiligtenfähigkeit gemäß § 61 VwGO**:

  - Die herrschende Meinung stellt auf die Vorschrift des § 61 Nr. 2 VwGO – mitunter in analoger Anwendung – ab: Das betroffene Organteil mache im Kommunalverfassungsstreit gerade keine Rechte gelten, die ihm in seiner Eigenschaft als natürliche Person zustehen, sondern die ihm aufgrund seiner organschaftlichen Stellung zukommen.

  - Eine Mindermeinung wendet § 61 Nr. 1 VwGO mit dem Argument an, das betroffene Organteil bleibe auch in seiner organschaftlichen Funktion eine natürliche Person im Sinne dieser Vorschrift. Außerdem kommt es für die Beteiligtenfähigkeit auf die Art des geltend gemachten Rechts nicht an; dies wäre nur bei der Prozessführungsbefugnis zu beachten, um die es hier aber gerade nicht geht.

  Das Ergebnis dieses Meinungsstreits ist jedoch irrelevant und kann in der Fallprüfung dahinstehen, da jedenfalls § 61 VwGO in einer seiner Nummern betroffen ist.

Literatur

Erichsen/Biermann, Jura 1997, 157 (161 f.)

Gemäß § 42 II VwGO ist die Klagebefugnis gegen (Anfechtungsklage) oder auf (Verpflichtungsklage) einen Verwaltungsakt dann zu bejahen, wenn der Kläger geltend macht, durch diesen in seinen Rechten verletzt zu sein. Das ist schon dann der Fall, wenn nicht nach jeder erdenklichen Betrachtungsweise ausgeschlossen ist, dass der Kläger in eigenen Rechten verletzt sein könnte. Bei belastenden Verwaltungsakten vereinfacht die sog. Adressatentheorie diesen Punkt der Fallprüfung, indem sie das Vorliegen einer Klagebefugnis bereits deshalb annimmt, weil der belastende Verwaltungsakt an den Kläger gerichtet ist. Umstritten ist,

 **Streitstand** ⇨ **ob die sog. Adressatentheorie überhaupt anwendbar ist.**

a) Theorie der Unanwendbarkeit

Vereinzelt wird die sog. Adressatentheorie als unbrauchbar verworfen. Der Kläger hat demnach mehr zu leisten als sich bloß auf Art. 2 I GG zu berufen; er muss seine Behauptung zumindest substantiieren.

Argument:

- Art. 2 I GG gewährt den Grundrechtsschutz nur im Rahmen der verfassungsgemäßen Ordnung. Die Behauptung eines Grundrechtseingriffs zieht nicht von vorneherein die Verfassungswidrigkeit desselben nach sich. Der Kläger muss für das Vorliegen einer Klagebefugnis darlegen, dass eine verfassungsmäßige Schrankennorm nicht existiert bzw. falsch ausgelegt wurde (Stichwort: *Behauptung alleine ist unzureichend*).

- Es gibt zahlreiche Fallkonstellationen, in denen die sog. Adressatentheorie versagt, so dass eine Verallgemeinerung schon aus diesem Grund ausscheidet (Stichwort: *Zu viele Ausnahmen*).

b) Adressatentheorie

Nach der ganz überwiegenden Gegenauffassung liefert die sog. Adressatentheorie brauchbare Ergebnisse und kann daher – mit gewissen Einschränkungen – angewendet werden.

Argument:

- Art. 2 I GG ist seit dem sog. „Elfes-Urteil" des *BVerfG* als umfassendes Auffanggrundrecht zu verstehen, das die Freiheitssphäre des Bürgers in ihrer Gesamtheit schützt. Verstößt ein Verwaltungsakt auch gegen keinen anderen sonstigen Rechtssatz, so ist zumindest die allgemeine Handlungsfreiheit in seiner subsidiären Funktion betroffen und eine Rechtsverletzung damit immerhin möglich (Stichwort: *Art. 2 I GG in seiner Funktion als subsidiäres Auffanggrundrecht stets betroffen*).

- Die Ausnahmen der Adressatentheorie lassen sich auf wenige Konstellationen beschränken, die der Grundüberlegung der generellen Anwendbarkeit der Theorie keinen Abbruch tun (Stichwort: *Ausnahmen regelbar*).

Hinweise

- In Einzelfällen scheidet die Anwendbarkeit der sog. Adressatentheorie nach der herrschenden Meinung bereits aus anderen Gründen aus:

  - Ausländische juristische Personen und solche des öffentlichen Rechts bleibt die Berufung aus Art. 2 I GG versagt.

  - Bei Allgemeinverfügungen im Sinne von § 35 S. 2 VwVfG richtet sich der Verwaltungsakt an mehrere Adressaten oder der eigentliche Adressat fehlt völlig (sog. „dinglicher Verwaltungsakt").

  - Bei der Versagungsgegenklage bleibt die sog. Adressatentheorie unanwendbar, weil Art. 2 I GG lediglich ein Abwehr- und kein Leistungsrecht enthält.

Literatur

Hipp/Hufeld, JuS 1998, 802 (805 f.)

8 | Antragsbefugnis nach § 47 II 1 VwGO bei Verletzung des Abwägungsgebots

In der früheren Fassung von § 47 II 1 VwGO genügte es, wenn der Antragssteller einen Nachteil erlitten hatte oder ein solcher zu erwarten war. Seit den textlichen Änderungen des 6. ÄndGVwGO muss nunmehr eine subjektive Rechtsverletzung vorliegen. Insbesondere im Baurecht ergibt sich nun die Fallkonstellation, in denen kein Recht des Bürgers betroffen ist, sondern lediglich das Gebot der gerechten Abwägung verletzt wurde. Umstritten ist,

 ⇨ **ob eine Antragsbefugnis gemäß § 47 II 1 VwGO bei einer Verletzung des Abwägungsgebots bejaht werden kann.**

a) Restriktive Theorie

Nur noch vereinzelt wird vertreten, dass die Geltendmachung abwägungsrelevanter privater Belange im Rahmen eines allgemeinen Abwägungsgebots nicht ausreiche.

Argumente:

- Durch die Änderung des § 47 II 1 VwGO wird der Wille des Gesetzgebers deutlich, die Normenkontrolle zu einem subjektiven Rechtsbeanstandungsverfahren fortzuentwickeln, dem es gerade nicht gerecht wird, wenn das lediglich objektivrechtliche Gebot der gerechten Abwägung um einen drittschützenden Aspekt erweitert wird (Stichwort: ***Wille des Gesetzgebers wird konterkariert***).

- Wird eine Antragsbefugnis bereits bei der behaupteten Verletzung des Abwägungsgebots bejaht, so werden faktische Belange unterhalb der Schwelle eines Rechts zu subjektiven Rechten aufgewertet (Stichwort: ***Aufwertung faktischer Belange***).

b) Extensive Theorie

Das *BVerwG* und die herrschende Meinung bejahen hingegen die Antragsbefugnis im Sinne von § 47 II 1 VwGO bei Betroffenheit des drittschützenden Charakters des allgemeinen Abwägungsgebots.

Argument:

- Das Gebot der gerechten Abwägung ist grundsätzlich objektivrechtlicher Natur, doch kann die Formulierung der diesen Grundsatz enthaltenden Vorschriften ergeben, dass sie darüber hinaus über eine drittschützende Dimension verfügen (Stichwort: ***Drittschutz ist Auslegungsfrage***).

Hinweise

- Das vorliegende Problem spielt insbesondere in der **bauplanungsrechtlichen Fallprüfung** eine entscheidende Rolle, so zum Beispiel im Zusammenhang mit § 1 VII BauGB oder § 17 FStrG.

- Als Folgeproblem ergibt sich die Frage, **ab wann** ein privater Belange als derart **schutzwürdig** einzustufen ist, dass er in die Abwägung eingestellt werden muss. Hier gilt folgende Faustformel:

  - Es muss sich stets um eigene Belange des Betroffenen handeln.

  - Diese Belange müssen handgreiflich betroffen sein, so dass sie von der Behörde eigentlich hätten erkannt werden müssen.

- Tritt die Behörde nach § 47 II 1 Alt. 2 VwGO als Antragstellerin auf, ist die Verletzung eines subjektiven Rechts nach dem Wortlaut der Vorschrift nicht erforderlich. Um dennoch willkürliche Behördenanträge zu vermeiden, verlangt die Rechtsprechung ein **objektives Kontrollinteresse** der Behörde.

Literatur

Schenke, Verwaltungsprozessrecht (2007), Rn. 894 ff.; *BVerwGE* 197, 215 ff.

Nach § 42 II VwGO ist bei Anfechtungs- und Verpflichtungsklagen eine Klagebefugnis erforderlich: Das heißt, es darf nicht nach jeder erdenklichen Betrachtungsweise völlig ausgeschlossen sein, dass der Kläger selbst in eigenen Rechten verletzt ist. Nach allgemeiner Ansicht ist dieses Erfordernis analog auch auf die allgemeine Leistungsklage anzuwenden. Umstritten ist,

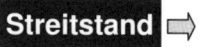 **Streitstand** ▷ **ob § 42 II VwGO analog auf die Feststellungsklage anzuwenden ist.**

b) Theorie der analogen Anwendung

Nach einer im Vordringen befindlichen Auffassung ist die Klagebefugnis aus § 42 II VwGO analog auf die Feststellungsklage anzuwenden.

Argument:

- Das Erfordernis der Klagebefugnis in § 42 II VwGO soll helfen, Popular- und Interessenklage zu verhindern, was auch im Rahmen der Feststellungsklage notwendig ist (Stichwort: *Verhinderung von Popularklagen auch bei § 43 VwGO notwendig*).

a) Theorie der Unanwendbarkeit

Die noch überwiegende Auffassung erachtet es für überflüssig, § 42 II VwGO analog auf Feststellungsklagen zu erstrecken.

Argumente:

- Zu einer Rechtsfortbildung besteht kein Anlass, weil der Gesetzgeber im Gegensatz zu § 42 VwGO auf die Vorsehung einer Klagebefugnis in § 43 VwGO bewusst verzichtet hat (Stichwort: *Systematik der §§ 42, 43 VwGO*).

- Für die Zulässigkeit der Feststellungsklage muss ein bestimmtes Rechtsverhältnis bestehen und der Kläger muss ein berechtigtes Interesse an der Feststellung dessen Bestehens haben. Beide Voraussetzungen stellen kumulativ sicher, dass keine Popularklagen geführt werden können, ohne dass es des Rückgriffes auf § 42 II VwGO bedürfte (Stichwort: *Voraussetzungen des § 43 VwGO verhindern Popularklagen*).

- Eine Feststellungsklage ist bei fehlender Klagebefugnis schon tatbestandlich nicht gegeben, weil es hierbei um ein Rechtsverhältnis gehen muss, das den Kläger selbst betrifft (Stichwort: *Fehlt die Klagebefugnis, besteht schon keine Feststellungsklage*).

Gemäß § 113 I 4 VwGO muss der Kläger im Rahmen der Fortsetzungsfeststellungsklage als besonderes Zulässigkeitserfordernis ein qualifiziertes Rechtsschutzbedürfnis in Form eines nachvollziehbaren Interesses an der begehrten Feststellung anführen, um mit seiner Klage durchzudringen. Umstritten ist,

 **Streitstand** ⇨ **wie dieses Interesse beschaffen sein muss.**

a) Traditionelle Auffassung

Ausgehend von der überkommen Auffassung existieren *vier wesentliche Fallgruppen*, die von der Rechtsprechung herausgebildet wurden:

(1) **Wiederholungsgefahr**;

(2) **Rehabilitationsinteresse**;

(3) **Präjudiz für einen Schadensersatz- bzw. Amtshaftungsprozess**;

(4) **Grundrechtsbeeinträchtigung**.

b) Neuere Auffassung

Eine neuere Auffassung versucht sich von diesen Fallgruppen zu emanzipieren und bejaht ein Feststellungsinteresse, sobald *ein nach vernünftigen Erwägungen nach Lage des Falles anzuerkennendes schutzwürdiges Interesse rechtlicher, wirtschaftlicher oder auch ideeller Art* bejaht werden kann.

Argument:

- Die Wortgleichheit gebietet eine Gleichbehandlung des Fortsetzungsfeststellungsinteresses mit dem Feststellungsinteresse in § 43 VwGO (Stichwort: *Identischer Wortlaut wie bei § 43 VwGO*).

Hinweise

- Hinsichtlich der Fallgruppe des Schadensersatzpräjudizes ist darauf hinzuweisen, dass dies nur dann gegeben ist, wenn Erledigung nach Klageerhebung eintritt, weil dem Kläger ansonsten zugemutet werden kann, direkt auf Schadensersatz auf dem ordentlichen Rechtsweg zu klagen.

- Nach Auffassung (3) unter Punkt a) kommt ein Fortsetzungsfeststellungsinteresse allerdings dann nicht in Betracht, wenn Erledigung bereits vor Klageerhebung eingetreten ist. Denn dann muss ein Schadensersatz direkt auf dem ordentlichen Rechtsweg geltend gemacht werden.

Klagefrist bei der Fortsetzungsfeststellungsklage

Für Fortsetzungsfeststellungsklagen gemäß § 113 I 4 VwGO analog sind Konstellationen kennzeichnend, in denen sich der ursprüngliche Verwaltungsakt vor dem Erstarken zur Bestandskraft erledigt, indem er seine Regelungswirkung verliert oder die mit ihr verbundene rechtliche bzw. sachliche Beschwer wegfällt. Im Rahmen der Zulässigkeitsprüfung ist in diesem Kontext fraglich,

Streitstand    **ob eine Klagefrist nach §§ 74 I, 58 II VwGO zu wahren ist.**

a) Theorie von der amputierten Anfechtungsklage

Teilweise wird vertreten, dass eine Klagefrist auch bei der Fortsetzungsfeststellungsklage gemäß § 113 I 4 VwGO analog gewahrt werden muss.

Argumente:

- Das Klagebegehren in den vorliegenden Fallkonstellationen entspricht der Anfechtungsklage, die erhoben werden müsste, hätte sich der Verwaltungsakt nicht erledigt. Die Fortsetzungsfeststellungsklage entspricht hier einer „verkürzten" Anfechtungsklage, deren Voraussetzungen nicht umgangen werden dürfen (Stichwort: *FFK = kupierte AK*).

- Der Gedanke des Rechtsfriedens fordert erst recht eine Klagefrist für erledigte Verwaltungsakte, wenn selbst bestehende Verwaltungsakte mit einer Beschwer für den Betroffenen in Bestandskraft erwachsen (Stichwort: *Rechtsfriedenstiftende Funktion der Frist*).

b) Theorie von der Feststellungsklage

Das *BVerwG* und die ihm folgende Literatur vertreten überwiegend die Auffassung, dass sich eine Frist bei der Feststellungsklage erübrigt.

Argumente:

- Sinn und Zweck der Klagefrist ist es, der Verwaltung einen genauen Zeitpunkt zu verschaffen, ab dem der Verwaltungsakt bestandskräftig wird und sie ihn vollziehen kann, was beides bei erledigten Verwaltungsakten nicht geschehen kann (Stichwort: *Telos der Frist*).

- Das Institut der Verwirkung sowie das Erfordernis eines berechtigten Interesses an der begehrten Feststellung bieten der Verwaltung hinreichenden Schutz vor einer Klage, die etwa nach Jahren erst erhoben wird (Stichwort: *Verwirkung und Feststellungsinteresse als ausreichender Schutz*).

Hinweise

- Weiterhin ist in den vorliegenden Konstellationen umstritten, ob ein **Vorverfahren** gemäß § 68 ff. VwVGO durchgeführt werden muss:

    - Eine Ansicht beharrt auf der Notwendigkeit des Vorverfahrens und begründet dies vor allen Dingen mit dessen Entlastungsfunktion für die Gerichte und der Möglichkeit der Selbstkontrolle für die Verwaltung.

    - Die Gegenansicht stellt darauf ab, dass im Widerspruchsverfahren nicht eine abstrakte Rechtmäßigkeitsprüfung des Verwaltungshandelns erfolgt, sondern vielmehr ein konkreter Verwaltungsakt untersucht wird, der hier gerade nicht vorliegt und mithin auch nicht korrigiert werden kann.

- Kein Streit besteht für die Fälle, in denen **Fortsetzungsfeststellungsklage gegen einen bestandkräftigen Verwaltungsakt** erhoben wird, weil der betroffene Bürger es versäumt hat, rechtzeitig Widerspruch einzulegen. Eine solche Klage ist nach allgemeiner Ansicht aus Gründen der Rechtssicherheit bereits unzulässig.

- Seit einiger Zeit wirft das *BVerwG* die Frage auf, ob in Fallkonstellationen, in denen sich der Verwaltungsakt vor Klageerhebung erledigt, statt der Feststellungsklage nicht möglicherweise die **Feststellungsklage gemäß § 43 VwGO** die richtige Klageart ist. Praktische Konsequenzen hat diese Problematik für die Falllösung nach der herrschenden Auffassung indes nicht.

Literatur

Fechner, NVwZ 2000, 121 (124 ff.); *BVerwGE* 109, 203 ff.

Sachliche Bescheidung eines verfristeten Widerspruchs

Legt der Adressat eines belastenden Verwaltungsakts erst nach Ablauf der in § 70 I VwGO normierten Frist Widerspruch ein, ist sein Begehren grundsätzlich als unzulässig zurückzuweisen. Umstritten ist,

 ⇨ **ob die Behörde den Widerspruch trotz Verfristung sachlich bescheiden kann.**

a) Ablehnende Theorie

Teilweise wird vertreten, dass es der Behörde stets verwehrt ist, einen verfristeten Widerspruch zu bescheiden.

Argumente:

- Der klare **Wortlaut des § 70 I VwGO** lässt keine Ausnahmen zu.

- Bei einer Sachbescheidungsbefugnis der Behörde müsste dem Widerspruchsführer ein Recht auf ermessensfehlerfreie Entscheidung zustehen, das dieser im Klagewege geltend machen dürfte; dies steht im Widerspruch zu der **Rechtsfrieden stiftenden Funktion der Widerspruchsfrist**.

- Stünde die formelle Bestandskraft eines VA zur Disposition der Widerspruchsbehörde, könnte diese über die Eröffnung des Verwaltungsrechtswegs entscheiden (Stichwort: **Behörde entscheidet nicht über Klage**).

b) Sachbescheidungstheorie

Vor allem das *BVerwG* nimmt nach ständiger Rechtsprechung an, dass die Bescheidung eines verfristeten Widerspruchs unschädlich sei.

Argumente:

- Die zuständige Behörde bleibt im Widerspruchsverfahren als Teil des Verwaltungsverfahrens „Herrin des Streitstoffs" und kann als solche bescheiden (Stichwort: **Behörde als „Herrin des Verfahrens"**).

- Die Sachbescheidung kommt nur dem Widerspruchsführer zugute, so dass die Behörde nicht in Rechte Dritter eingreift (Stichwort: **Behörde darf helfen**).

Hinweis

Beide Ansätze stimmen dahingehend überein, dass bei VA mit begünstigender Drittwirkung die gesicherte Rechtsposition des Dritten nicht durch eine Sachbescheidung eines verfristeten Widerspruchs gefährdet werden darf.

Klage auf Erlass eines Widerspruchsbescheids

Erlässt die Widerspruchsbehörde trotz entsprechenden Antrags keinen Widerspruchsbescheid, kann der betroffene Bürger eine Untätigkeitsklage gemäß § 75 VwGO auf Erlass des von ihm gewünschten VA erheben. Fraglich ist indes,

 **Streitstand** ⇨ **ob auch Verpflichtungsklage auf Erlass eines Widerspruchsbescheids erhoben werden kann.**

a) Theorie der Untätigkeitsklage

Teilweise wird vertreten, dass eine Verpflichtungsklage in diesen Fällen unstatthaft sei.

Argumente:

- Der Betroffene kann sein Recht mit Hilfe der Untätigkeitsklage gemäß § 75 VwGO durchsetzen (Stichwort: *§ 75 VwGO*).

- Einer Verpflichtungsklage fehlt regelmäßig ein entsprechendes Rechtschutzbedürfnis (Stichwort: *Fehlendes Rechtschutzbedürfnis*).

b) Anspruchstheorie

Nach anderer Ansicht hat der Bürger einen Anspruch auf Erlass eines Widerspruchsbescheids, den er mittels der Verpflichtungsklage durchsetzen kann.

Argumente:

- Gemäß § 68 I 1 VwGO erfolgt im Vorverfahren neben der Rechtmäßigkeits- auch eine Zweckmäßigkeitsprüfung, um die der Betroffene bei der Nichtbescheidung seines Widerspruchs gebracht würde (Stichwort: *Zweckmäßigkeitsprüfung*).

- Aus § 73 VwGO i.V.m. Art. 19 IV GG ergibt sich ein subjektives Recht des Betroffenen auf den Erlass eines Widerspruchsbescheid, welcher der objektiven Verpflichtung der Behörde zum Erlass eines solchen korrespondiert (Stichwort: *§ 73 VwGO, Art. 19 IV GG*).

- Durch die Nichtbescheidung seines Widerspruchs wird der Betroffene einer zusätzlichen Instanz beraubt (Stichwort: *Widerspruchsbehörde als weitere Instanz*).

Literatur

Schenke, DÖV 1996, S. 529 ff.

Die „reformatio in peius"
im Widerspruchsverfahren

Unter der „reformatio in peius" wird die Veränderung des Entscheidungsspruchs der Ausgangsbehörde durch die Widerspruchsbehörde zum Nachteil des Widerspruchsführers verstanden. Umstritten ist,

 ⇨ **ob eine solche Verböserung im Widerspruchsverfahren überhaupt zulässig ist.**

a) Ablehnende Theorie

In der Literatur wird vertreten, dass eine „reformatio in peius" im Widerspruchsverfahren unzulässig sei.

Argumente:

* Aus dem Wortlaut und Zweck von § 72 VwGO („hilft ... ab") ergibt sich, dass der angefochtene VA nur zugunsten des Widerspruchsführers geändert werden kann (Stichwort: *§ 72 VwGO*).

* Sinn und Zweck des Widerspruchsverfahrens liegt in der Rechtschutzfunktion für den Bürger. Das schließt die Möglichkeit einer Verböserung des Ausgangsbescheids aus (Stichwort: *Rechtsschutz im Widerspruchsverfahren*).

b) Theorie von der Zulässigkeit der „reformatio in peius"

Vor allem in der Rechtsprechung wird von einer Zulässigkeit der „reformatio in peius" ausgegangen, solange die verschlechternden Änderungen nicht über den Gegenstand des Ausgangsbescheids hinausgehen.

Argumente:

* Dadurch, dass der Betroffene Widerspruch einlegt, entzieht er sich gleichsam selbst eine mögliche Vertrauensgrundlage (Stichwort: *Kein Vertrauensschutz bei selbst eingelegtem Widerspruch*).

* Das Widerspruchsverfahren dient nicht nur dem Rechtschutz des Bürgers, sondern auch der Selbstkontrolle der Verwaltung (Stichwort: *Widerspruchsverfahren als Selbstkontrolle der Verwaltung*).

* Die „reformatio in peius" ist in einigen Spezialgesetzen – wie *§ 367 II 2 AO* – ausdrücklich vorgesehen.

* Mit § 79 II VwGO geht der Gesetzgeber von der Zulässigkeit einer Verböserung im Widerspruchsverfahren aus (Stichwort: *§ 79 II VwGO*).

Hinweis

Ebenfalls umstritten ist die *materiellrechtliche Grundlage* für die „reformatio in peius":

- Bei fehlender spezialgesetzlicher Regelung wird zum Teil auf den Rechtsgedanken der §§ 48, 49 VwVfG, der über § 79 VwVfG Anwendung finden soll, abgestellt.

- Nach anderer Ansicht ist die **Ermächtigungsgrundlage der Ausgangsbehörde** heranzuziehen, da die Widerspruchsbehörde mit ihrer Entscheidung die Beurteilung der Ausgangsbehörde ersetze. Gegen die Anwendung von §§ 48, 49 VwVfG wird von dieser Meinung der Wortlaut von § 43 II VwVfG ins Feld geführt, der neben Rücknahme und Widerruf auch eine Aufhebung „in sonstiger Weise" kenne, worunter auch die „reformatio in peius" zu fassen sei.

Literatur

Schenke, Verwaltungsprozessrecht (2007), Rn. 687 ff.

| 15 | **Grundverwaltungsakt und rechtswidrige Verböserung im Widerspruchsverfahren** | K/S
§ 79
Rn 2 |

Geht ein betroffener Bürger gegen einen belastenden Verwaltungsakt vor, ist denkbar, dass die Widerspruchsbehörde den Ausgangsbescheid einer Verböserung unterwirft. Will der Bürger nunmehr hiergegen auf dem Klagewege vorgehen, ist nach einhelliger Ansicht die Anfechtungsklage zu wählen. Umstritten ist jedoch,

Streitstand  ⇨ | **wie viele Anfechtungsklagen zu erheben sind.**

a) Theorie der zwei Anfechtungsklagen

Teilweise wird vertreten, dass zwei Anfechtungsklagen zu erheben sind: zum einen gegen den Widerspruchsbescheid nach § 79 II VwGO, zum anderen gegen den Ausgangsbescheid in der Form des Widerspruchsbescheids gemäß § 79 I Nr. 1 VwGO.

Argumente:

- Es sind schon deshalb zwei separate Klagen zu erheben, weil die zusätzliche Beschwer bei einer Verböserung schon keine Gestalt des Grundverwaltungsakts im Sinne von § 79 I Nr. 1 VwGO mehr bildet, sondern diesem gegenüber vielmehr eine Erschwerung darstellt. (Stichwort: *„Gestalt" im Sinne von § 79 I Nr. 1 VwGO wird überdehnt*).

- Im Gegensatz zur Einheitsklage ist hier eine saubere Abgrenzung zwischen § 79 I Nr. 1 VwGO und § 79 II VwGO möglich, was insofern schon notwendig ist, als der Klagegegner nicht notwendigerweise in beiden Fällen derselbe ist und bei einer Einheitsklage die Ausgangsbehörde nach § 78 VwGO für Fehler der Widerspruchsbehörde einstehen müsste (Stichwort: *Saubere Abgrenzung nur durch zwei Klagen möglich*).

b) Theorie der Einheitsklage

Vertreter einer anderen Auffassung halten die Erhebung einer Einheitsklage nach § 79 I Nr. 1 VwGO für ausreichend.

Argumente:

- Jede Form und jeder Inhalt des Widerspruchsbescheids ist eine Gestalt des Ausgangsverwaltungsakts im Sinne von § 79 I Nr. 1 VwGO, so dass auch die Verböserung, solange sie sich im Streitgegenstand des Ausgangsverwaltungsakts bewegt und somit zulässig ist, erfasst wird (Stichwort: *Umfassendes Verständnis von „Gestalt" gemäß § 79 I Nr. 1 VwGO*).

- Der Wortlaut von § 79 II VwGO spricht von der Möglichkeit einer isolierten Anfechtung des Widerspruchsbescheids, beschränkt den Kläger aber nicht hierauf, so dass dieser anderweitig im Rahmen der Einheitsklage vorgehen kann (Stichwort: *„kann" in § 79 II VwGO*).

- Weil sich beide Klagen der Gegenmeinung in der Regel gegen verschiedene Behörden richten, ist eine objektive Klagehäufung nach § 44 VwGO unmöglich und mithin zwei verschiedene Prozesse erforderlich. Das erschwert den umfassenden Rechtsschutz unnötig und widerspricht Art. 19 Abs. 4 GG (Stichwort: *effektiver Rechtsschutz durch Einheitsklage*).

Hinweis

Den Kern des Streites bildet mithin das Verständnis des Begriffes „**Gestalt**" im Sinne von § 79 I Nr. 1 VwGO und die damit verbundene Fragestellung, ob eine Verböserung des Ausgangsverwaltungsaktes noch unter diese Formulierung gefasst werden kann oder nicht.

Literatur

Seidel/Reimer/Möstl, Beck'sches Examinatorium Öffentliches Recht – Allgemeines Verwaltungsrecht mit Kommunalrecht (2003), 16 ff.

Eine Allgemeinverfügung im Sinne von § 35 S. 2 VwVfG stellt einen Unterfall des Verwaltungsakts dar, der sich von diesem hinsichtlich seines Adressatenkreises unterscheidet: Während der Verwaltungsakt nach § 35 S. 1 VwVfG an eine Person gerichtet, ist Adressat der Allgemeinverfügung ein zumindest bestimmbarer größerer Personenkreis. Umstritten ist,

 **Streitstand** ⇨ **ob die Aufhebung der Allgemeinverfügung nur zwischen den Prozessparteien wirkt oder auch gegenüber anderen.**

a) Theorie der *inter partes*-Wirkung

Teilweise wird vertreten, die Aufhebung einer Allgemeinverfügung habe nur eine Wirkung zwischen den Beteiligten des verwaltungsgerichtlichen Verfahrens.

Argument:

- Ausweislich § 121 Nr. 1 VwGO werden von der personellen Rechtskraft der verwaltungsgerichtlichen Entscheidung nur die Beteiligten des Verfahrens im Sinne von § 63 VwGO erfasst. In Ermangelung von Sonderreglungen für Allgemeinverfügungen und aufgrund des klaren Wortlauts beider Regelungen hat auch die Aufhebung der Allgemeinverfügung demnach nur *inter partes*-Wirkung (Stichwort: ***Wortlaut als Auslegungsgrenze***).

b) Theorie der *erga omnes*-Wirkung

Nach anderer Ansicht soll die verwaltungsgerichtliche Aufhebung einer Allgemeinverfügung stets *erga omnes*-Wirkung haben.

Argumente:

- Bei einem Aufhebungsurteil über eine Allgemeinverfügung ist zwischen Rechtskraft- und Gestaltungswirkung zu unterscheiden, wobei letztere weiter reicht als die sich bloß *inter partes* entfaltende Rechtskraftwirkung und alle anderen von der Allgemeinverfügung betroffenen Personen erfasst (Stichwort: ***Unterschied zwischen Rechtskraft- und Gestaltungswirkung***).
- Auch die Befürworter der Gegenansicht kommen letztlich zu einem *erga omnes*-Effekt, indem sie diese Wirkung – dogmatisch unsauber – „faktisch" allen Beteiligten zukommen lassen (Stichwort: ***Wenn schon, dann richtig***).

Literatur

Maurer, VBlBW 1987, 361 ff.

Die Konstruktion des Verwaltungsaktswiederholungsverbots

K/S
§ 121
Rn 21

Wenn ein Verwaltungsakt erfolgreich mit der Anfechtungsklage angegriffen und vernichtet worden ist, erwächst das dazu erlassene Gestaltungsurteil in materielle Rechtskraft. Diese Rechtskraft bezieht sich jedoch nur auf den Streitgegenstand des Prozesses, also den vernichteten Verwaltungsakt. Trotzdem soll eine Behörde nicht nach Belieben einen neuen Verwaltungsakt gleichen Inhalts erlassen können, weil dies den Sinn des verwaltungsgerichtlichen Rechtsschutzes in Frage stellen würde. Umstritten ist,

 ⇨ **wie das Verbot einer inhaltsgleichen Verwaltungsaktswiederholung auch für die Zukunft zu konstruieren ist.**

a) Typologisches Rechtskraftverständnis

Teilweise wird vertreten, mit der Vernichtung eines Verwaltungsakts seien auch künftige Verwaltungsakte „dieser Art" rechtskräftig für nichtig erklärt.

Argument:

- Materielle Rechtskraft bezieht sich auf Antrag und Lebenssachverhalt. Damit erwächst nicht der VA selbst, sondern umfassender die durch ihn ausgefüllte Regelungslage in Rechtskraft. Verwaltungsakte so wie der im Prozess unmittelbar in Bezug genommene werden so vernichtet (Stichwort: *Streitgegenstand nicht Verwaltungsakt, sondern Regelungslage*).

b) Implizites Feststellungsurteil

Anderenorts wird vertreten, in der Anfechtungsklage sei als Minus ein Feststellungsurteil über zukünftige Regelungsmöglichkeiten enthalten.

Argumente:

- Wenn man hier auf eine gleichzeitige Feststellungswirkung verzichtete, würde die Fortsetzungsfeststellungsklage weiter reichen als die Anfechtungsklage. Dies stünde im Widerspruch dazu, dass die Anfechtungsklage nach Sinn und Zweck der VwGO den umfassendsten negatorischen Rechtsschutz gegen Verwaltungsakte gewährleisten soll (Stichwort: *Anfechtungsklage weiter als Fortsetzungsfeststellungsklage*).

- § 113 I 1 VwGO weist explizit genau den vergangenen Verwaltungsakt als Gegenstand der Anfechtungsklage aus. Die Gegenmeinung argumentiert also *contra legem* (Stichwort: *Wortlaut*).

Hinweise

- Der obige Streitstand betrifft eine bloße Frage der Konstruktion. Im Ergebnis ist man sich einig, dass von einem Anfechtungsurteil ein Verwaltungsaktwiederholungsverbot ausgeht. Deshalb darf das Problem nicht allzu breit diskutiert werden. Ein dezenter Hinweis auf das Konstruktionsproblem ist jedoch empfehlenswert.

- Als Anschlussfrage kann sich das Problem stellen, inwieweit die Verwaltung in Sonderfällen doch befähigt sein muss, einen rechtskräftig (1) per Verpflichtungsklage erlassenen oder (2) per Anfechtungsklage vernichteten Verwaltungsakt (1) zurückzunehmen oder (2) zu erlassen. Teilweise wird auf die Gesetzmäßigkeit der Verwaltung verwiesen, welche nicht völlig hinter der Rechtssicherheit zurückstehen dürfe, wenn durch die Zukunftswirkung der Klage unerträglich rechtswidrige Lagen entstehen. Dann sollen nach manchen Stimmen §§ 48 ff. VwVfG analog als typische Regelung dieser Interessenlage anwendbar sein. Dagegen spricht aber, dass in § 121 VwGO diese Interessenlage eben abschließend vom Gesetzgeber geregelt worden ist. Für die vorgeschlagene Analogie fehlt mithin die planwidrige Regelungslücke. Sie ist somit abzulehnen.

Literatur

Maurer, JZ 1993, 574 f.

Nach § 114 S. 2 VwGO können Ermessensentscheidungen auch im Verfahren noch begründet werden. Gemeint ist hier nicht die formelle Begründung im Sinne des § 45 I Nr. 2 VwVfG, sondern die materiell vom Gericht bei der Bewertung der Ermessensentscheidung zu berücksichtigenden Erwägungen. Umstritten ist,

 **Streitstand** ⇨ **welche rechtliche Qualität die Vorschrift des § 114 S. 2 VwGO hat.**

a) Theorie des gesetzlichen Streitgegenstandswechsels

Überwiegend wird vertreten, in § 114 S. 2 VwGO werde ein gesetzlicher Streitgegenstandswechsel als Spezialregelung zu § 91 VwGO statuiert.

Argumente:

- Es sind gerade die Gründe, welche eine Ermessensentscheidung wesentlich ausmachen. Über eine Ermessensentscheidung mit neuen Gründen weiterzuprozessieren bedeutet daher im Ergebnis über eine neue Ermessensentscheidung zu prozessieren (Stichwort: *Erwägungen für Ermessen wesentlich*).

- Der Bürger soll keine Prozesskosten tragen müssen, weil er durch eine unzureichende Begründung des Verwaltungsakts zu einer Klage gedrängt worden ist, um erst im Prozess zu erfahren, dass eine Klage keinen Sinn hatte. Er muss deshalb die Möglichkeit der „Klagerücknahme" – das heißt der Umstellung auf den Feststellungsantrag, dass der Verwaltungsakt jedenfalls bei Klageerhebung nicht begründet war – haben, um so nach § 173 VwGO i.V.m. 264 Nr. 3 ZPO, §§ 154 I, 155 VwGO Prozesskosten zu vermeiden. § 264 Nr. 3 ZPO setzt jedoch einen Gegenstandswechsel voraus (Stichwort: *Prozesskostenrisiko des Bürgers vermeiden*).

b) Theorie der prozessualen Erlaubnis

Teilweise wird § 114 S. 2 VwGO als bloß deklaratorische Vorschrift interpretiert, während der Streitgegenstand derselbe bleibe.

Argument:

- Ihrem Wortlaut nach erlaubt die Vorschrift die Erwägungsergänzung „hinsichtlich des Verwaltungsaktes" und geht damit von der Identität des Streitgegenstandes aus (Stichwort: *Wortlaut*)

Hinweis

Keine „Ergänzung" im Sinne des § 114 Satz 2 VwGO liegt in folgenden Fällen vor:

- Behörde geht von einer gebundenen Entscheidung aus, die in Wahrheit eine Ermessensentscheidung ist.

  Die Behörde muss von vorneherein ihre Entscheidung als Ermessensentscheidung getroffen haben. Ist dies nicht der Fall, liegt keine Ergänzung vor. Wenn eine Behörde etwa von einem begründeten Widerspruch nach § 72 VwGO ausgeht und sich zur Abhilfe verpflichtet sieht, kann sie, wenn sich später herausstellt, dass der Widerspruch nicht begründet war nicht dieselbe Entscheidung als Ermessensentscheidung nach §§ 48 f. VwVfG hinstellen und begründen.

- Ermessensnichtgebrauch

  Bei Ermessensausfall findet keine Ergänzung statt, weil nie eine Ermessensausübung stattgefunden hat.

- Völliger Austausch der Gründe

  Als Ergänzung kann auch ein Nachschieben von Gründen nicht mehr angesehen werden, welche sich so wesentlich von den zunächst angegebenen Gründen unterscheiden, dass von einem Austausch der Begründung gesprochen werden muss.

Literatur

Schenke, Verwaltungsprozessrecht (2007), Rn. 810a ff.

Wie sich aus § 123 V VwGO ergibt, findet der einstweilige Rechtsschutz im Verwaltungsrechtsweg nach § 123 VwGO statt, solange nicht die speziellere Norm des § 80 VwGO einschlägig ist. Umstritten ist,

Streitstand  **ob auch für Änderungen bereits getroffener Anordnungen ein Parteiantrag erforderlich ist.**

a) Änderung von Amts wegen

Teilweise wird vertreten, eine Änderung der Anordnung von Amts wegen – das heißt ohne vorherigen Parteiantrag – sei analog § 80 VII VwGO möglich.

Argumente:

- § 80 VwGO steht mit § 123 VwGO in einem Spezialitätsverhältnis, sie sind mithin wesensgleich. Es wäre daher verwunderlich, wenn hinsichtlich der Änderungsmöglichkeiten Unterschiede bestünden (Stichwort: ***Wesengleichheit von § 80 VwGO mit § 123 VwGO***).

- § 123 III VwGO nimmt § 927 I ZPO von seiner Verweisung ins Zivilprozessrecht gerade aus. Die daraus entstehende Rechtslücke ist durch analoge Anwendung des § 80 Abs. 7 VwGO zu schließen (Stichwort: ***Fehlender Verweis auf § 927 I ZPO durch § 80 VII VwGO zu schließen***).

b) Keine Änderung von Amts wegen

Die Gegenauffassung hält eine Änderung von Amts wegen nicht für möglich.

Argumente:

- § 123 III VwGO spart tatsächlich § 927 I ZPO aus, aber bezieht sich dabei nur auf den „Erlass" und nicht die spätere Änderung einer Anordnung (Stichwort: ***§ 123 III VwGO nur auf Erlass bezogen***).

- § 80 VwGO ist gegenüber § 123 VwGO die speziellere Norm, so dass eine Übertragung der Vorschriften der ersteren auf die *lex generalis* des § 123 VwGO nur ausnahmsweise erfolgen kann (Stichwort: ***Keine Übertragung von lex specialis auf lex generalis***).

- Eine Regelungslücke liegt aufgrund von § 173 VwGO, der in die ZPO verweist und deren Regelungen unter bestimmten Voraussetzungen für anwendbar erklärt, gar nicht vor. §§ 173 VwGO, 927 I ZPO regieren die Änderung einer einstweiligen Anordnung, so dass selbige nur auf Antrag möglich ist (Stichwort: ***Keine Analogie wegen fehlender Regelungslücke***).

Im Rahmen der Anordnung nach § 123 I 2 VwGO muss für die Begründetheit des Antrags – neben der negativen Voraussetzung der Nichtvorwegnahme der Hauptsache – einen Anordnungsgrund und -anspruch durch den Antragssteller glaubhaft gemacht werden. In der Klausur bedeutet dies eine Prüfung der Begründetheit des Hauptsachrechtsbehelfs. Umstritten dabei ist,

 **Streitstand** ⇨ **ob ein Anordnungsanspruch besteht, wenn die anspruchsbegründende Norm den Weg nur zu einer Ermessensentscheidung eröffnet.**

a) Ablehnende Theorie

Insbesondere die höchstrichterliche Rechtsprechung, der die überwiegende Literaturmeinung folgt, lehnt in Ermessensfällen den Erlass einer einstweiligen Anordnung ab.

Argument:

- Wenn die einstweilige Anordnung schon nicht die Hauptsache vorwegnehmen darf, kann vom Umfang her erst recht nicht mehr gewährt werden, als dies ebendort der Falle wäre, wo im Hauptsacheverfahren ein Bescheidungsurteil gemäß § 113 V 2 VwGO ergehen wird (Stichwort: *Die einstweilige Anordnung kann mehr als die Hauptsache gewähren*).

b) Anspruchstheorie

Vereinzelt wird ein Annordnungsanspruch auch in Fällen, in denen in der Hauptsache lediglich ein Anspruch auf eine Ermessensentscheidung besteht, bejaht.

Argument:

- Um dem Gebot des effektiven Rechtschutzes aus Art. 19 IV GG genüge zu tun, muss regelmäßig mehr verlangt werden als eine bloße Formalentscheidung. Dies führt dann zur Verpflichtung des Gerichts, eine angemessene Abwägung im Einzelfall durchzuführen, ob die Ausübung des Ermessens im Rahmen der einstweiligen Anordnung mittels des Anordnungsanspruchs bereits angeordnet werden muss (Stichwort: *Art. 19 IV GG*).

Hinweise

- Aufgrund des Gebots des effektiven Rechtsschutzes nach Art. 19 IV GG gewährt auch die ablehnende Theorie einen Anordnungsanspruch, wenn im

35

Einzelfall eine **Ermessensreduktion auf Null** vorliegt oder dem Antragssteller durch die Versagung der einstweiligen Anordnung schlechthin unzumutbare Nachteile entstehen.

- Neben dem Anordnungsanspruch muss der Antragsteller auch einen **Grund** für die einstweilige Anordnung glaubhaft machen. Die Vorschrift bejaht einen solchen gemäß § 123 I 2 VwGO bei wesentlichen Nachteilen oder einer drohenden Gewalt sowie wenn dies „aus anderen Gründen notwendig erscheint". Umstritten ist, wie dieser Auffangtatbestand auszulegen ist:

  - Überwiegend wird hier eine Interessenabwägung durchgeführt, bei der die Interessen des Antragstellers den entgegenstehenden öffentlichen oder schutzwürdigen privaten Interessen gegenübergestellt werden.

  - Die vereinzelt gebliebene Gegenauffassung wendet dagegen ein, dass eine Interessenabwägung bereits auf Ebene der Anspruchsprüfung stattfindet. Auf Ebene der Prüfung des Anordnungsgrundes ist daher nunmehr nur danach zu fragen, wie groß die Eilbedürftigkeit des Antragstellers einzustufen ist. Hierbei ist eine Einzelfallabwägung erforderlich.

- Bei einem **Vergleich** des **vorläufigen Rechtsschutzes** nach § 80 V VwGO mit der **einstweiligen Anordnung** nach § 123 VwGO sticht ins Auge, dass in ersterem Fall das Fehlen der Vorwegnahme der Hauptsache keine Voraussetzung des Anspruches ist. Diese bisweilen kritisierte Tatsache hängt mit dem Unterschied zwischen Eingriffs- und Leistungsverwaltung zusammen: Während der Antragsteller mit § 80 V VwGO gegen belastende Verwaltungsakte vorgeht und damit seine Grundrechte in ihrer klassischen Abwehrfunktion nutzt, ist als Ziel einer Maßnahme nach § 123 VwGO regelmäßig ein Leistungshandeln des Staates zu bewirken.

Literatur

Huba, JuS 1990, 983 (988 f.)

Nach § 80 I VwGO haben Widerspruch und Anfechtungsklage aufschiebende Wirkung. Dieser Suspensiveffekt hat zur Folge, dass ein Schwebezustand eintritt, während dessen jede auf die Verwirklichung des Verwaltungsakts gerichtete Maßnahme unterbleiben muss. Der Grund hierfür ist umstritten, so dass sich die Frage stellt,

 **Streitstand** ⟹ | **worin die Rechtswirkung der aufschiebenden Wirkung besteht.**

a) Eingeschränkte Wirksamkeitstheorie

Vor allem in der Literatur wird vertreten, dass der Verwaltungsakt durch die aufschiebende Wirkung in seiner Wirksamkeit vorläufig gehemmt wird, bei Bestandskraft jedoch eine Wirksamkeit *ex tunc* eintritt.

Argument:

- Gemäß § 80 I 2 VwGO tritt eine aufschiebende Wirkung auch bei Verwaltungsakten ein, die keinen Vollzug im strengen Sinne kennen, so dass mit diesem Terminus hier nur auf die Wirksamkeit abgestellt werden kann (Stichwort: *Kein „Vollzug" bei § 80 I 2 VwGO möglich*).

b) Vollziehbarkeitstheorie

Die Rechtsprechung vertritt demgegenüber den Standpunkt, dass durch die aufschiebende Wirkung des § 80 I VwGO lediglich der Vollzug des Verwaltungsakts gehemmt wird, dieser selbst jedoch unberührt bleibt.

Argumente:

- Aus der Formulierung des § 80 I Nr. 4 VwGO wird deutlich, dass die aufschiebende Wirkung als Gegenbegriff zur Vollziehbarkeit konzipiert ist (Stichwort: *Formulierung von § 80 I Nr. 4 VwGO*).

- Sinn und Zweck der aufschiebenden Wirkung ist es, zu verhindern, dass vollendete Tatsachen geschaffen werden, ehe endgültig über den Verwaltungsakt entschieden worden ist. Hierzu bedarf es lediglich der Hemmung der Vollziehbarkeit und nicht schon generell der gesamten Wirksamkeit des Verwaltungsakts (Stichwort: *Telos der aufschiebenden Wirkung*).

- § 9 I VwVG lässt die Vollstreckbarkeit während der aufschiebenden Wirkung entfallen, die Wirksamkeit des Verwaltungsakts bleibt demnach jedoch auch weiterhin bestehen (Stichwort: *§ 9 I VwVG*).

Hinweise

- Vereinzelt geblieben ist die sog. **„strenge Wirksamkeitstheorie"**, nach der die Wirksamkeit des Verwaltungsakts bis zum Fortfall der aufschiebenden Wirkung vollständig aufgeschoben ist, so dass dieser erst danach, also *ex nunc* wirksam wird. Augenfälliger Nachteil dieses rigiden Ansatzes ist die Verkürzung der Wirksamkeit eines Verwaltungsakts entgegen dem Normalfall des § 43 I 1 VwVfG durch jeden noch so unbegründeten Widerspruch.

- Im Ergebnis besteht zwischen den beiden Theorien kein Unterscheid, solange Widerspruch und Anfechtungsklage Erfolg haben und der Verwaltungsakt somit von Anfang an rechtswidrig war. In diesen Konstellationen ist der Streit in der Fallbearbeitung höchstes zu erwähnen, jedoch keinesfalls lange zu diskutieren oder gar zu entscheiden. **Entscheidungserheblich** ist das Problem allerdings, wenn die Rechtsmittel gegen den Verwaltungsakt erfolglos sind und dieser demnach bestandskräftig wird.

- Von besonderer Bedeutung ist der Streit im Rahmen der **Aufrechnung** nach §§ 387 ff. BGB analog: Während nach der Vollziehbarkeitstheorie die Aufrechnung im Zeitraum der aufschiebenden Wirkung gültig erklärt werden kann, ist dies nach der eingeschränkten Wirksamkeitstheorie aufgrund der vorläufigen Wirksamkeitshemmung des Verwaltungsakts gerade nicht möglich.

Literatur

Tettinger/Wahrendorf, Verwaltungsprozessrecht (2005), § 23 Rn. 7

Um einen Verwaltungsakt nach § 80 II 1 Nr. 4 VwGO formell rechtmäßig für sofort vollziehbar zu erklären, muss ihm nach § 80 III VwGO eine besondere Begründung beigefügt werden. Umstritten hierbei ist,

 ⇨ **ob eine solche fehlende Begründung auch im Verfahren nach § 80 V 1 Alt. 2 VwGO nachgeholt und damit die Anordnung der sofortigen Vollziehbarkeit geheilt werden kann.**

a) Keine Heilung

Teilweise wird vertreten, eine nachträgliche Heilung der fehlenden Form komme nicht in Betracht.

Argumente:

- Grundsätzlich ist die nachträgliche Heilung einer fehlenden Begründung als Bedingung formeller Rechtmäßigkeit nicht möglich. Eine Ausnahme bildet § 45 I Nr. 2 VwVfG, der jedoch die Begründung nach § 80 III VwGO seiner systematischen Stellung nach gerade nicht erfasst und so im Umkehrschluss gegen eine Heilung spricht (Stichwort: *§ 45 VwVfG e contrario*).

- Kann die Begründung einfach später nachgeholt werden, verliert sie ihre besondere Warnfunktion und § 80 III VwGO läuft in seinem Schutzzweck leer (Stichwort: *§ 80 III VwGO läuft leer*).

- Entgegen Meinung b) bedeutet es sehr wohl einen Unterschied, ob die nachgereichte Begründung als neuer Gegenstand in das Verfahren einbezogen wird oder der Gegenstand derselbe bleibt. Denn nur bei einem Gegenstandswechsel lässt sich eine Klageumstellung und damit die Vermeidung von Prozesskosten aus § 173 VwGO i.V.m. 264 Nr. 3 ZPO, §§ 154 I, 155 VwGO ableiten (Stichwort: *Prozesskosten*).

b) Heilungsmöglichkeit

Vor allem in der Rechtsprechung ist die Auffassung herrschend, eine nachträgliche Heilung der Begründung sei möglich.

Argumente:

- Es wäre ein unnötiger Formalismus, im Verfahren die aufschiebende Wirkung aufzuheben, nur um die Behörde dazu zu nötigen, sofort einen neuen Verwaltungsakt desselben Inhalts mit Begründung zu erlassen. Damit wäre auch dem Betroffenen nicht gedient, denn dieser müsste zur Überprüfung in der

Sache wieder einen neuen Antrag auf Wiederherstellung der aufschiebenden Wirkung stellen (Stichwort: *Vermeidung von unnötigem Formalismus*).

- Die Gegenmeinung betrachtet die nachgereichte Begründung als neuen Verwaltungsakt, muss diesen dann aber aus Rechtsschutzgründen wegen Art. 19 IV GG in das alte Verfahren mit einbeziehen. Das läuft mit Umwegen auf dasselbe Ergebnis hinaus (Stichwort: *Im Ergebnis irrelevant*).

Hinweis

Die Begründung nach § 80 III VwGO erfüllt eine **Warnfunktion** gegenüber der Behörde, die sich genau Rechenschaft darüber ablegen soll, ob eine sofortige Vollziehung wirklich nötig ist, sowie eine **Schutzfunktion** gegenüber dem Betroffenen, der informiert und zur Aufsuche von Rechtsschutz befähigt werden soll. In aller Regel bedeutet dies einen **spezifischen Begründungsbedarf** gerade der Tatsache, dass sofort vollzogen werden muss. Selbst dort, wo sich dies aus dem Grundverwaltungsakt ohne weiteres ergibt, wie etwa im Rahmen der Gefahrenabwehr, muss zumindest auf eben diesen Zusammenhang hingewiesen werden.

Literatur

Schenke, Verwaltungsprozessrecht (2007), Rn. 982

In Drittbetroffenensituationen muss der Dritte, wenn er gegen die Vollziehung eines Verwaltungsakts vorgehen möchte, zum Rechtsschutz nach § 80a VwGO greifen, wobei nach § 80a III VwGO dieser auch durch die Gerichte gewährt werden kann. Umstritten ist,

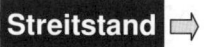 **Streitstand** ⇨ **ob der Antrag vor Gericht zuvor einen entsprechenden abschlägig beschiedenen Antrag bei der Behörde voraussetzt.**

a) Vorverfahrenstheorie

Selten wird vertreten, vor einem gerichtlichen Antrag auf Anordnung oder Wiederherstellung der aufschiebenden Wirkung sei grundsätzlich ein entsprechender Antrag bei der Behörde erforderlich.

Argument:

- Die Verweisung von § 80 a III 2 VwGO auf § 80 VI 1 VwGO ist als Rechtsfolgenverweisung so zu lesen, dass immer ein entsprechendes Vorverfahren bei der Behörde stattzufinden hat. Wäre sie eine Rechtsgrundverweisung, setzte sie also entsprechend §§ 80 VI 1, II 1 Nr. 1 VwGO einen Abgabenbescheid voraus, so liefe die Verweisung leer, weil drittbelastende Abgabenbescheide schwer denkbar sind (Stichwort: *Systematik Abgabenbescheide*).

b) Theorie der Vorverfahrenslosigkeit

Ganz überwiegend wird § 80a III 2 VwGO so gelesen, dass ein vorheriger Antrag bei der Behörde grundsätzlich nicht erforderlich ist.

Argumente:

- Angesichts eindeutig entgegenstehenden Gesetzgeberwillens müssen die aus der Verweisung resultierenden Unklarheiten als Redaktionsversehen gewertet werden (Stichwort: *Redaktionsversehen*).

- Der Wortlaut des § 80 a III 2 VwGO gibt gar keinen Anlass dazu, von einer Rechtsfolgenverweisung auszugehen. Denn der Verweis auf § 80 VI VwGO umfasst auch den von ihm betroffenen Sonderbereich der Abgaben und Kosten (Stichwort: *Wortlaut*).

- Es wäre nicht einsichtig, warum in zweipoligen Situationen nur im Ausnahmefall, bei Doppelwirkung aber regelmäßig ein behördliches Quasivorverfahren stattfinden soll (Stichwort: *Ungleichbehandlung § 80 und § 80 a VwGO hat keinen Sinn*).

Hinweise

- Wie im obigen Streit kann man sich auch bei gewöhnlichen Anträgen nach § 80 V VwGO fragen, ob ohne einen vorherigen Antrag bei der Behörde nicht das Rechtsschutzbedürfnis fehlt. Dagegen spricht jedoch zunächst im Umkehrschluss § 80 VI 1 VwGO, der nicht nötig wäre, wenn der Behördenantrag bereits allgemeine Voraussetzung wäre. Zudem besteht keine Gefahr der Überrumpelung einer Behörde mit einem Prozess, denn diese kann in den Fällen des § 80 II 1 Nr. 1 bis 3 VwGO sofort anerkennen und die Kosten nach § 156 VwGO dem Antragsteller auferlegen lassen.

- Von § 80 V 2 VwGO darf man sich nicht verwirren und zu einem Umkehrschluss verleiten lassen. Denn jedenfalls nach herrschender Meinung ist ein **Antrag auch bereits vor Einlegung des Widerspruchs** zulässig, sofern ihm nicht dadurch das entsprechende Rechtsschutzbedürfnis fehlt.

Literatur

Schenke, Verwaltungsprozessrecht (2007), Rn. 998

Allgemeines Verwaltungsrecht

Zum allgemeinen Verwaltungsrecht zählen solche Regelungen, die den verwaltungsrechtlichen Stoff in seiner Gesamtheit betreffen und deswegen gleichsam **„vor die Klammer"** gezogen werden können. Die grundlegende Kodifikation in diesem Bereich stellt das Verwaltungsverfahrensgesetz des Bundes (**VwVfG**) dar. Ihm folgen – regelmäßig inhaltsgleich – die entsprechenden Landesgesetze. Wenn hier also vom VwVfG die Rede ist, sind damit auch die korrespondierenden landesgesetzlichen Regelungen gemeint.

Gemäß § 9 VwVfG tritt der Staat dem Bürger mit seiner Verwaltung regelmäßig in zwei Handlungsformen – dem **Verwaltungsakt** und dem **öffentlich-rechtlichen Vertrag** – entgegen. Dieser Unterteilung folgt auch das vorliegende Kapitel, indem es zunächst die Streitstände im Zusammenhang mit dem Verwaltungsakt im Sinne des § 35 VwVfG behandelt, ehe es zu den Problemen des in §§ 54 ff. VwVfG geregelten Verwaltungsvertrages fortschreitet. Vorangestellt werden abstrakte Probleme, die regelmäßig Schwierigkeiten bereiten, wie etwa die Abgrenzung zwischen privatrechtlichem und öffentlich-rechtlichem Handeln (s.u. STREITSTAND **24**).

Neben Fallbearbeitungen, die ausschließlich das rein nationale Recht zum Gegenstand haben, tauchen in der Ausbildung seit einiger Zeit vermehrt **Sachverhalte mit einer europarechtlichen Komponente** auf. Im allgemeinen Verwaltungsrecht handelt es sich in der Regel um wiederkehrende Probleme im Zusammenhang mit der europarechtswidrigen Gewährung von Subventionen oder Beihilfen, die vorliegend ebenfalls dargestellt werden (s.u. STREITSTÄNDE **30** FF.).

Damit überhaupt Verwaltungsrecht zur Beurteilung einer Rechtsfrage einschlägig ist, muss es ein öffentlich-rechtlicher Sachverhalt sein. Da es in aller Regel um angegriffene Rechtshandlungen geht und zudem weitgehende Wahlmöglichkeiten dahingehend bestehen, ob etwa eine Behörde privatrechtlich oder öffentlichrechtlich handeln will, reduziert sich das Problem auf die Bestimmung der Qualität der in Frage stehenden Handlung. Umstritten ist,

 **Streitstand** ⇨ **durch welches Kriterium privatrechtliches von öffentlichrechtlichem Handeln abzugrenzen ist.**

a) Subordinationstheorie

Teilweise wird vertreten, es komme auf ein Über-Unterordnungsverhältnis des handelnden Subjekts gegenüber dem betroffenen Bürger an.

Argument:

- Der typische öffentlich-rechtliche Akt zeichnet sich durch den potentiellen oder aktuellen Einsatz von Staatsgewalt aus. Eben weil er dieser übermächtigen Staatsgewalt tatsächlich ausgeliefert ist, muss der Bürger dadurch rechtlich privilegiert werden, dass ein günstigeres Prozessrecht (VwGO statt ZPO) und materielles Recht (VwVfG statt BGB) gilt (Stichwort: *Tatsächlicher Nachteil rechtfertigt rechtlichen Vorteil*).

b) Sonderrechtstheorie

Überwiegend wird vertreten, es komme darauf an, ob die Handlung von öffentlich-rechtlichen Normen legitimiert wird, d.h. von solchen Normen, die dem handelnden Subjekt gerade wegen seiner Eigenschaft, Träger öffentlicher Gewalt zu sein, Sonderbefugnisse einräumen wollen, die „normalen Bürgern" nicht zustehen.

Argumente:

- Die Gegenmeinung funktioniert in Grenzfällen nicht, weil sowohl im Privatrecht durch Marktmacht usw. tatsächliche Unterordnungsverhältnisse entstehen können wie auch im öffentlichen Recht beim Verwaltungsvertrag ein tatsächliches Gleichordnungsverhältnis bestehen kann (Stichwort: *Begriff der Subordination zu ungenau*).

- Durch die Frage nach dem Charakter der einschlägigen Normen wird das Problem sachgerecht auf eine Auslegungsfrage des Rechts zurückgeführt, nämlich ob die in Frage stehende Handlung aus Sicht der konkreten Gesetzesnorm als öffentlich-rechtlich zu qualifizieren ist (Stichwort: *Sachgerechte Erfassung des Bezugs von Norm auf Sachverhalt*).

Hinweise

- Der obige Streitstand kann regelmäßig in Fällen der Eingriffsverwaltung usw. dahinstehen. Wenn die Abgrenzung dann doch wirklich problematisch ist, empfiehlt es sich, den Schwerpunkt der eigenen Ausführungen auf die Argumentation mit Hinweisen aus dem Sachverhalt zu legen. Mindermeinungen wie die klassische Subjektstheorie und die Interessentheorie sind hingegen wie hier zu vernachlässigen, erstere, weil sie überholt ist, letztere, weil sie gegenüber der Sonderrechtstheorie nichts Neues bringt.

- Eine Anschlussfrage dazu, anhand welcher Kriterien öffentliches und privates Handeln abzugrenzen sind, ist, ob überhaupt in der fraglichen Materie **Formenwahlfreiheit** besteht. Dies ist grundsätzlich zu bejahen, kann aber im Einzelfall eingeschränkt sein, wenn sich die Verwaltung etwa in der Vergangenheit auf eine öffentlich-rechtliche Behandlung festgelegt hat oder aus Gründen der Daseinsvorsorge zu einem öffentlich-rechtlichen Handeln im Ausnahmefall gezwungen ist.

- Das hier bezeichnete sehr beliebte **Abgrenzungsproblem** taucht immer wieder **an verschiedenen Stellen im Prüfungsaufbau** auf. Als nicht abschließende Beispiele sind zu nennen: § 40 VwGO „öffentlich-rechtliche Streitigkeit", § 35 VwVfG bzw. § 54 VwVfG, Folgenbeseitigungsanspruch, Staatshaftung nach § 839 BGB i.V.m. Art. 34 GG usw.

Literatur

Schenke, Verwaltungsprozessrecht (2007), Rn. 100 ff.

In § 35 VwVfG sind die Wesensmerkmale eines Verwaltungsakts niedergelegt, darunter vor allem die klausurrelevanten Merkmale des Regelungsgehalts und der Außenwirkung. Ungeregelt bleibt jedoch, wann diese Merkmale ihrerseits als gegeben im Sinne der Norm angesehen werden sollen. Umstritten bei der Beurteilung des Vorliegens eines Verwaltungsaktes ist, ob

 **Streitstand** ⇨ **dessen äußere Form ausreicht oder inhaltlich die Merkmale eines solchen vorliegen müssen.**

a) Formeller Verwaltungsaktsbegriff

Herrschend wird vertreten, die äußere Form konstituiere bereits einen Verwaltungsakt im Sinne des § 35 VwVfG.

Argumente:

- Der Bürger soll sich auf den Rechtsschein des Verwaltungsakts verlassen können (Stichwort: *Vertrauensschutz*)

b) Materieller Verwaltungsaktsbegriff

Teilweise wird verlangt, dass der fragliche Rechtsakt inhaltlich den Anforderungen des § 35 VwVfG entsprechen muss.

Argumente:

- Seinem Wortlaut nach gibt § 35 VwVfG keinen Hinweis darauf, dass die in ihm genannten Kriterien durch den bloßen Schein ihres Vorliegens ersetzbar wären, so dass die dort genannten Merkmale tatsächlich auch vorliegen müssen (Stichwort: *Wortlaut von § 35 VwVfG*).

- Vertrauensaspekten kann dadurch genügt werden, dass man auch gegen materielle „Nicht-Verwaltungsakte" denselben Rechtsschutz durch Widerspruch usw. eröffnet, wenn sie Verwaltungsakte zu sein scheinen, so dass ein formeller Verwaltungsaktsbegriff über das gebotene Ziel des Vertrauensschutzes hinausschießt (Stichwort: *Vertrauensschutz besser durch analogen Rechtsschutz*).

- Die Gegenmeinung ist darauf zurückzuführen, dass früher der Rechtsschutz gegen Realakte nicht in demselben Umfang möglich war wie gegen Verwaltungsakte, was heute nicht mehr der Fall ist. Folglich bedarf es aus Rechtsschutzgesichtspunkten des formellen Verwaltungsaktsbegriffs schon gar nicht mehr (Stichwort: *Gleicher Rechtsschutz gegen Realakte*).

Hinweise

- Derselbe Schutzgedanke zu Gunsten des Bürgers wird von der herrschenden Meinung bei der **Auslegung von Verwaltungsakten** in Stellung gebracht: Maßgeblich ist nicht der subjektive Behördenwille, sondern der objektive Behördenwille, das heißt, der Inhalt des Verwaltungsakts aus Sicht des Empfängers.

- Ein verbreitetes Missverständnis verbindet sich mit dem Merkmal der **Außenwirkung**: Vielfach wird gefordert, diese Außenwirkung des Verwaltungsakts müsse tatsächlich gegeben sein. Ein einfacher Blick in den Normtext des § 35 S. 1 VwVfG zeigt jedoch, dass der Verwaltungsakt lediglich nach objektivem Behördenwillen auf Außenwirkung „**gerichtet**" sein muss. Hält sich also etwa eine Behörde für im Rahmen der Fachaufsicht handelnd und weist eine Gemeinde zu einer Maßnahme an, so ist dieses Handeln kein Verwaltungsakt, selbst wenn die nähere Überprüfung zeigt, dass ein Eingriff in Art. 28 II GG und damit eine tatsächliche Außenwirkung vorliegt. Die Richtung an sich ist also entscheidend.

Literatur

Schwerdtfeger, Öffentliches Recht in der Fallbearbeitung (2008), Rn. 47 ff.

Ein Verwaltungsakt wird erlassen, dann gegebenenfalls im Widerspruchsverfahren umgestaltet und ist schließlich Gegenstand eines verwaltungsgerichtlichen Verfahrens. Im Laufe dieser Zeit kann sich die Rechtslage dadurch verändern, dass (1) eine Änderung des objektiven Rechts eintritt, (2) die tatbestandsrelevante Sachlage sich verändert oder (3) die rechtliche Beurteilung der Sachlage sich durch neue Erkenntnisse verändert. Im Zentrum steht hier der Fall des „rechtswidrig gewordenen" Verwaltungsakts. Umstritten ist in prozessualer Hinsicht bei der Auslegung des § 113 I 1 VwGO,

 **Streitstand** ⇨ **die Rechtslage welchen Zeitpunkts für das gerichtliche Verfahren maßgeblich ist.**

a) Theorie der letzten Behördenentscheidung

Teilweise wird der Zeitpunkt der letzten Behördenentscheidung – das heißt, regelmäßig Widerspruchsbescheid, sonst Erlass des Verwaltungsakts – als maßgeblich angesehen.

Argument:

- Eine „nachträgliche Rechtswidrigkeit" meint eine neue Rechtslage, in der die Verpflichtung der Behörde zum Widerruf des rechtmäßigen Verwaltungsakts nach § 49 VwVfG entsteht. Angegriffen wird mithin ein tatsächliches Unterlassen der Behörde, obwohl eine Verpflichtung zum Tun besteht. Prozessuales Mittel dafür ist die Verpflichtungsklage, nicht die Anfechtungsklage (Stichwort: *Aus Unterlassen folgt Verpflichtungsklage*).

b) Theorie vom letzten Zeitpunkt der Verhandlung

Herrschend wird in der Literatur und Rechtsprechung der Zeitpunkt der letzten mündlichen Verhandlung vor dem Verwaltungsgericht als maßgeblich erachtet.

Argumente:

- § 113 I 1 VwGO bezieht sich seinem Wortlaut „rechtswidrig (...) ist" zufolge nicht auf eine Handlung, sondern auf eine Rechtslage, nämlich die Rechtslage zum Zeitpunkt der gerichtlichen Entscheidung (Stichwort: *„rechtswidrig [...] ist" in § 113 I 1 VwGO*).

- Dies entspricht auch dem Sinn und Zweck der Anfechtungsklage einen materiellrechtlichen Beseitigungsanspruch durchzusetzen. Für diesen Beseitigungsanspruch ist gleichgültig, ob er von Anfang an bestand oder sich erst durch die Änderung der Rechtslage später ergeben hat (Stichwort: *Zweck liegt im Beseitigungsanspruch*).

- Folgte man der Gegenmeinung, würde dies bei Geltendmachung von Rechtswidrigkeitsgründen bei und nach Erlass zur Erhebung von Anfechtungs- und Verpflichtungsklage zugleich zwingen. Dies ist weder semantisch einleuchtend, noch prozessökonomisch und widerspricht vor allem auch dem Gebot effektiven Rechtsschutzes nach Art. 19 IV GG (Stichwort: **Kombination von Anfechtungsklage und Verpflichtungsklage widerspricht Rechtsschutz**).

Hinweise

- Streng von der prozessualen Frage ist das Problem zu trennen, auf welchen Zeitpunkt das anzuwendende materielle Recht verweist. Zu dieser unabhängigen Auslegungsfrage des materiellen Rechts gelten folgende Faustregeln:

- Hat sich das objektive Recht zu Lasten des Bürgers geändert (oben (1)), sind zunächst die Regeln zum Rückwirkungsverbot einschlägig.

- Ansonsten gilt der Grundsatz, dass es hier auf den Erlasszeitpunkt des Verwaltungsakts ankommt.

  - Die wichtigste Ausnahme dazu stellen sog. **Dauerverwaltungsakte** – typisch: Baugenehmigung – dar. Wird etwa klar, dass die Genehmigung nach *ex ante* zu beurteilender Sachkenntnis rechtmäßig war, nun jedoch *ex post* als rechtswidrig erscheint, gewährt der eigentlich einschlägige § 49 I 1 VwVfG eine Aufhebungsmöglichkeit nur für die Zukunft. Das Bedürfnis nach einer rückwirkenden Beseitigung ist aber unabweislich, wie unter anderem § 49 III 1 VwVfG und § 44 I 1 SGB X belegen. Diesen Fehler kuriert die herrschende Meinung durch Anwendung des § 48 VwVfG, allerdings überformt durch den besonderen Vertrauensschutzstandard des § 49 VwVfG.

  - Beachte Sonderprobleme wie Schwarzbau und Drittbetroffenenkonstellationen, sowie Sondernormen wie zum Beispiel § 35 VI GewO.

Literatur

Schenke, Verwaltungsprozessrecht (2007), Rn. 782 ff.; *BVerwG*, NVwZ 2003, 92

Der Begriff der Zusicherung ist in § 38 I VwVfG legaldefiniert und stellt einen Unterfall der Zusage dar, was wiederum allgemein als eine verbindliche Selbstverpflichtung einer Behörde, eine Handlung vorzunehmen oder zu unterlassen, verstanden werden kann. Umstritten ist jedoch,

 **Streitstand** ⇨ **welche Rechtsqualität der Zusicherung zukommt.**

a) Theorie vom Verwaltungsakt

Teilweise wird vertreten, bei der Zusicherung gemäß § 38 VwVfG handele es sich um einen Verwaltungsakt.

Argumente:

- Die Zusicherung erfüllt alle Merkmale des Verwaltungsakts aus § 35 VwVfG Insbesondere kann in der verbindlichen Selbstverpflichtungserklärung der Behörde auch eine Regelung gesehen werden. (Stichwort: *Verpflichtung als Regelung*)

b) Theorie von der öffentlich-rechlichen Willenserklärung

Eine andere Ansicht lehnt das Vorliegen eines Verwaltungsaktes ab und qualifiziert die Zusicherung als öffentlich-rechtliche Willenserklärung.

Argumente:

- Die Zusicherung kann keinen Verwaltungsakt darstellen: Sie enthält keine Regelung mit unmittelbarer Außenwirkung im Sinne von § 35 VwVfG, sondern stellt eine solche lediglich in Aussicht (Stichwort: *Regelung erst in der Zukunft*).

- § 38 II VwVfG erklärt bestimmte Vorschriften für Verwaltungsakte im Hinblick auf Zusicherungen anwendbar. Wäre die Zusicherung selbst ein Verwaltungsakt bedürfte es dieser Regelung nicht, da die genannten Normen ohnehin anwendbar wären (Stichwort: *§ 38 II VwVfG*).

Hinweise

- In der typischen Klausurkonstellation wird eine begünstigende Zusicherung irgendwann aufgehoben, wogegen sich der Betroffene dann wendet. Das Problem der Rechtsqualität der Zusicherung ist hier bei der Ermittlung der zutreffenden Klageart im Rahmen der Zulässigkeitsprüfung aufzuwerfen, letztlich aber stets zugunsten der Anfechtungsklage zu entscheiden: Entweder folgt der Bearbeiter der Theorie vom Verwaltungsakt, dann ergibt sich die Verwaltungsaktsqualität der Aufhebung bereits aus der *actus contrarius-* Überlegung. Oder aber er sieht die Zusicherung als öffentlich-rechtliche Willenserklärung. Dann kommt jedenfalls der Verweis nach § 38 II VwVfG auf §§ 48, 49 VwVfG zu Zuge, was den Regelungsgehalt der Aufhebung klarstellt.

Literatur

Maurer, Allgemeines Verwaltungsrecht (2006), § 9 Rn. 58 ff.

Die Rechtsnatur der Umdeutung von Verwaltungsakten nach § 47 VwVfG

Die Umdeutung gemäß § 47 VwVfG stellt die Modifikation eines fehlerhaften Verwaltungsakts dar und lehnt sich an die Regelung des § 140 BGB an. Eine Umdeutung kommt in Frage, wenn der umgedeutete Bescheid auf das gleiche Ziel gerichtet ist wie der ursprüngliche, die Behörde befugt wäre ihn zu erlassen und dessen Voraussetzungen vorliegen. Hoch umstritten ist jedoch die Frage,

 **Streitstand** ⟹ **welche Rechtsnatur die Umdeutung gemäß § 47 VwVfG besitzt.**

a) Umdeutung durch Verwaltungsakt

Teilweise wird vertreten, die Umdeutung stelle einen Verwaltungsakt dar, deren Vornahme in das Ermessen der Behörde gestellt ist.

Argumente:

- Das Wort „kann" in § 47 VwVfG deutet darauf hin, dass die Umdeutung nicht automatisch kraft Gesetzes erfolgt, sondern mittels eines Verwaltungsakts vorgenommen wird (Stichwort: *„kann" in § 47 VwVfG*).

- § 47 IV VwVfG verweist auf die Anhörung in § 28 VwVfG, eine solche kommt aber nur in Frage, wenn die Umdeutung durch einen Verwaltungsakt geschieht (Stichwort: *§§ 47 IV, 28 VwVfG nur bei Verwaltungsakten sinnvoll*).

- Der Gedanke des effektiven Rechtsschutzes spricht für die Annahme, dass die Umdeutung per Verwaltungsakt erfolgt, gegen den dann mit der Anfechtungsklage vorgegangen werden kann, während ein Vorgehen gegen eine kraft Gesetz eintretende Umdeutung sehr viel komplexer ist (Stichwort: *Effektiver Rechtsschutz aus Art. 19 IV GG*).

b) Umdeutung kraft Gesetzes

Andererseits wird angenommen, bei der Umdeutung handele es sich um einen Vorgang, der sich von Rechts wegen vollzieht.

Argumente:

- Der allgemeine Grundsatz, Rechtsakte weitestgehend aufrecht zu erhalten, spricht für eine Umdeutung des fehlerhaften Verwaltungsakts bereits kraft Gesetzes (Stichwort: *Rechtsakte weitestgehend aufrecht erhalten*).

- § 47 VwVfG ist unstreitig an § 140 BGB angelehnt, welcher als unmittelbare gesetzliche Rechtsfolge konzipiert ist. Hätte der Gesetzgeber von diesem

Vorbild abweichen wollen, hätte er für die Umdeutung im Verwaltungsrecht eine andere Konzeption wählen müssen (Stichwort: *Ähnlichkeit von § 47 VwVfG und § 140 BGB*).

- Das „kann" in § 47 VwVfG hat nur eingeschränkten Erkenntniswert, da neben einer Auslegung als Ermessensnorm auch eine Einordnung als sog. „Kompetenz-Kann" in Frage kommt (Stichwort: *„Kann" in § 47 VwVfG hat für sich genommen keinen Erkenntniswert*).

- Eine Umdeutung erfolgt regelmäßig ohne gesonderte Bekanntmachung im Sinne von § 43 I 2 VwVfG, was gegen die Annahme eines Verwaltungsakts spricht (Stichwort: *§ 43 I 2 VwVfG*).

Hinweise

- Darüber hinaus ist auch streitig, ob ein **nichtiger Verwaltungsakt umgedeutet** werden kann. Der Vergleich mit § 140 BGB und der Wortlaut von § 47 VwVfG sprechen dafür, zumal auch ein nichtiger Verwaltungsakt ein fehlerhafter Verwaltungsakt ist.

- Wird der Theorie von der Umdeutung durch Verwaltungsakt gefolgt, schließt sich die Folgefrage an, ob die Verwaltung zu einer **Publikation der Umdeutung aufgrund von Vertrauensschutzgesichtspunkten** gezwungen ist.

- **Keinesfalls** zulässig ist die **Umdeutung** eines **gebundenen Verwaltungsakts** in einen **Ermessensverwaltungsakt**, da die der Behörde zustehende Ermessensprüfung nicht vorgenommen werden kann.

- Für den **Rechtsschutz** haben die beiden Theorien unterschiedliche Konsequenzen, so dass der Streit oft entscheidungserheblich ist:

  - Wird dem ersten Ansatz gefolgt, so ist gegen den Verwaltungsakt der Umdeutung die Anfechtungsklage zu erheben.

  - Demgegenüber sieht die andere Auffassung keinen Rechtsschutz gegen den Akt der Umdeutung selbst vor, lediglich gegen den dann durch die Umdeutung geänderten Verwaltungsakt kann mit der Feststellungsklage vorgegangen werden mit dem Begehren, festzustellen, dass der Verwaltungsakt in seiner ursprünglichen Form fortbesteht.

Literatur

Maurer, Allgemeines Verwaltungsrecht (2006), § 10 Rn. 44

29 Rechtmäßigkeit des Widerrufsvorbehalts bei § 49 II Nr. 1 Alt. 2 VwVfG

Eine Behörde kann einen Verwaltungsakt widerrufen, wenn sie ihn mit einem entsprechenden Vorbehalt gemäß § 49 II Nr. 1 Alt. 2 VwVfG versehen hat. Dieser Vorbehalt muss nach allgemeiner Ansicht durch sachliche Gründe gerechtfertigt sein. Darüber hinaus ist allerdings umstritten,

Streitstand  **ob der Widerrufsvorbehalt selbst rechtmäßig sein muss.**

a) Rechtswidrigkeitstheorie

Vor allem in der Rechtsprechung wird vertreten, dass die Rechtswidrigkeit des Widerrufsvorbehalts nach Bestandskraft des Verwaltungsakts keinen Einfluss auf dessen Gültigkeit haben kann.

Argument:

- Der Widerrufsvorbehalt wird zusammen mit dem Verwaltungsakt bestandskräftig. Danach kann sich der Betroffene genauso wenig auf die Rechtswidrigkeit des Vorbehalts berufen wie auf die Rechtswidrigkeit des ihm zugrunde liegenden Verwaltungsakts (Stichwort: *Identischer Zeitpunkt der Bestandskraft von Verwaltungsakt und Widerrufsvorbehalt*).

b) Rechtmäßigkeitstheorie

In der Literatur wird teilweise vertreten, dass der Widerrufsvorbehalt selbst rechtmäßig sein muss, wenn die Behörde einen Widerruf auf ihn stützen will.

Argumente:

- Aus der amtlichen Begründung zu § 49 VwVfG, die die Rechtmäßigkeit des Vorbehalts erwähnt, lässt sich ein entsprechender Gesetzeswille ablesen (Stichwort: *Amtliche Begründung*).

- Jeder Widerruf muss gemäß dem Grundsatz des § 40 VwVfG ermessensfehlerfrei ohne Berufung auf sachfremde Erwägungen ausgeübt werden. Die Berücksichtigung eines rechtswidrigen Widerrufvorbehalts wäre aber gerade ermessensfehlerhaft. Die von der Rechtswidrigkeitstheorie eingewandte Bestandskraft darf sich daher nur auf die Beifügung des Vorbehalts an sich und nicht auf die Ausübung des Widerrufs beziehen (Stichwort: *Widerruf ist ermessensfehlerhaft*).

Literatur

Saringhausen, NVwZ 1995, 563 ff.

30 Rücknahme von Beihilfen bei fehlender Notifizierung der EG-Kommission

K/R
§ 48
Rn 12 ff.

In Ermangelung von gemeinschaftsrechtlichen Sondernormen richtet sich die Aufhebung europarechtsrechtswidriger Verwaltungsakte nach § 48 VwVfG. Besondere Probleme ergeben sich hier bei einem EG-Einschlag im Rahmen der Rückabwicklung von Subventionsbeihilfen, die Art. 87 ff. EGV widersprechen. Umstritten ist,

 ⇨ **ob bereits die fehlende Notifizierung der EG-Kommission nach Art. 88 III 1 EGV zur Rechtswidrigkeit im Sinne des § 48 VwVfG führt.**

a) Keine Rechtswidrigkeit

Teilweise wird vertreten, die fehlende Notifizierung alleine führe noch nicht zu einer Europarechtswidrigkeit des Beihilfeverwaltungsakts.

Argumente:

- Das Erfordernis der Unterrichtung der Kommission in Art. 88 III 1 EGV bezweckt nur eine Erleichterung der Kommissionsarbeit, aber keine Präjudizierung der Rechtswidrigkeit der Beihilfe, da die Kommission nach Art. 88 II EGV jederzeit selbständig in eine Prüfung eintreten und eine Aufhebung anordnen kann (Stichwort: *Kommissionsentscheidung selbständig gegenüber Unterrichtung*).

- Aufgrund der eigenständigen Möglichkeit der Kommission, in die Prüfung einer nationalen Subvention auf deren Vereinbarkeit mit dem Europarecht hin einzutreten, muss im Gegenschluss davon ausgegangen werden, dass die nationale Subvention grundsätzlich erlaubt ist, solange die Kommission von ihrem Prüfungsrecht keinen Gebrauch macht (Stichwort: *Schweigt die Kommission, ist die Subvention erlaubt*).

b) Rechtswidrigkeit

Überwiegend wird vertreten, dass bereits die fehlende Notifizierung der Kommission den Beihilfeverwaltungsakt rechtswidrig macht.

Argumente:

- Art. 88 III 1 EGV statuiert ein formelles Rechtmäßigkeitsmerkmal des Beihilfeverwaltungsakts. Ist die Notifizierung nicht eingehalten, gilt der Verwaltungsakt jedenfalls bis zu ihrer Nachholung oder der Bestätigung der Rechtmäßigkeit durch die Kommission als formell rechtswidrig (Stichwort: *Notifikation als formelles Rechtmäßigkeitsmerkmal*).

- Auch wenn die Kommission jederzeit selbständig in die gemeinschaftsrechtliche Vereinbarkeitsprüfung einer Subvention eintreten kann, ist es ihr angesichts der Größe der EU faktisch unmöglich alle Fälle zu erfassen. Die Notifizierungspflicht soll daher bewirken, dass die Mitgliedsstaaten ein genuines Interesse an einer Kommunikation mit der Kommission zeigen und Subventionstatbestände nicht vertuschen (Stichwort: **Telos der Pflicht: Anreiz für die Mitgliedsstaaten**).

- Das repressive Generalverbot in Art. 87 I EGV macht zudem deutlich, dass es sich vielleicht sogar um ein repressives Verbot mit Befreiungsvorbehalt, jedenfalls aber ein Verbot mit Erlaubnisvorbehalt – eine Kontrollerlaubnis – handelt. Subventionen im EG-Kontext sind daher regelmäßig rechtswidrig, es sei denn, die Kommission erhebt trotz Unterrichtung keine Einwände (Stichwort: **Subvention regelmäßig rechtswidrig**).

Hinweise

- Die Art. 87 ff. EGV dominiert der Begriff der „Beihilfe". Hierunter sind nach ständiger Rechtsprechung des *EuGH* neben klassischen Leistungssubventionen auch Verschonungssubventionen und darüber hinaus Vergünstigungen aller Art zu verstehen. Entscheidend ist allein die begünstigende Wirkung der Maßnahme, die ohne Gegenleistung erfolgt.

- Ist in irgendeinem Sachverhalt generell eine behördliche Erlaubnis nötig oder ein Verbot möglich, sind die gesetzlichen Grundlagen auszulegen und terminologisch einer der folgenden Kategorien zuzuordnen:

(1) Generelle Erlaubnis;

(2) Erlaubnis mit Anzeigevorbehalt;

(3) Verbot mit Erlaubnisvorbehalt

(4) repressives Verbot mit Befreiungsvorbehalt.

Bei (1) und (2) wehrt sich der Betroffene gegen ein Verbot mit der Anfechtungsklage, bei (3) und (4) mit der Versagungsgegenklage. Ein Unterschied zwischen (3) und (4) ergibt sich daraus, dass (3) grundsätzlich gewollte Betätigungen regelt, bei denen lediglich ein präventives Prüfungsbedürfnis besteht. Oft geht dies mit einem Genehmigungsanspruch einher, wie im klausurtypischen Beispiel der Baugenehmigung. Dagegen regelt (4) grundsätzlich unerwünschte Tätigkeiten, die lediglich ausnahmsweise, zumeist nach Ermessen der Behörde, genehmigt werden sollen, wie dies etwa beim Glücksspiel der Fall ist. Vgl. hierzu: *Seiler*, Verwaltungsrecht (2005), Rn 299.

Der Grundsatz der freien Rücknahme rechtswidriger Verwaltungsakte im Rahmen des behördlichen Ermessen gemäß § 48 I VwVfG steht in einem Spannungsfeld zwischen dem Prinzip der Gesetzmäßigkeit der Verwaltung und dem Vertrauensschutzgrundsatz, denen beiden über Art. 20 III GG Verfassungsrang zukommt. Um diesen Gegensatz zu entschärfen, sieht § 48 II VwVfG Einschränkungen des Grundsatzes der freien Rücknahme vor. Im Rahmen des indirekten Vollzugs europäischen Gemeinschaftsrechts ist nun umstritten,

 **Streitstand** ⇨   **inwiefern das dasGemeinschaftsrecht die Regelung des § 48 II VwVfG beeinflusst.**

a) Nationalstaatlicher Ansatz

Sehr vereinzelt wird vertreten, dass die Anwendung von § 48 II VwVfG im Rahmen des indirekten Vollzugs von Gemeinschaftsrecht keinerlei Veränderungen erfahren darf.

Argumente:

- § 48 II VwVfG kommt als Ausprägung des Vertrauensschutzgrundsatzes über Art. 20 III GG Verfassungsrang zu, das nicht einfach durch das Gemeinschaftsrecht ausgehebelt werden kann (Stichwort: *Verfassungsrang des Vertrauensschutzgrundsatzes*).

- Wenn das Gemeinschaftsrecht keine eigenen Regelung über die Aufhebung von Verwaltungsakten kennt, muss es die Einschränkungen des nationalen Rechts, dessen es sich bedient, akzeptieren (Stichwort: *Nur vollständige Heranziehung des nationalen Rechts möglich*).

b) Europarechtliche Lösung

Die herrschende Meinung in der Literatur vertritt seit der „Alcan"-Entscheidung des *EuGH* die Meinung, § 48 II VwVfG sei gemeinschaftsrechtskonform restriktiv auszulegen.

Argumente:

- § 48 II VwVfG enthält mit den Begriffen „öffentliches Interesse" und „grobe Fahrlässigkeit" unbestimmter Rechtsbegriffe, welche dem Normanwender einen Auslegungsspielraum eröffnen. Dieser kann durch gemeinschaftsrechtliche *effet utile*-Überlegungen überlagert werden (Stichwort: *Überlagerung des nationalen Rechts*).

- Art. 23 GG gebietet als Ausfluss des Prinzips der offenen Staatlichkeit bereits von Verfassungs wegen eine europarechtsfreundliche Auslegung des § 48 II VwVfG (Stichwort: *Europarechtsfreundliche Auslegung*).

Hinweise

- Nach der st. Rspr. des *EuGH* überwiegt bei einem **Konflikt zwischen Ver-trauensschutz und öffentlichem Interesse** stets letzteres, wenn eine nach Art. 88 III EGV notwendige Notifizierung der Kommission unterblieben ist. Als Begründung führt das Gericht an, dass ein sorgfältiger Unternehmer sich vergewissern muss, ob das korrekte Verfahren beachtet wurde.

- Zur effektiven Verwirklichung des Subventionsverbots zählt neben der Auf-hebung des begünstigenden Verwaltungsakts auch die **Rückforderung der im Zuge dessen geleisteten Beihilfe.** Insofern diese nach § 49a II VwVfG gemäß § 818 III BGB grundsätzlich unter dem Vorbehalt der Entreicherung des Empfängers steht, muss hier mit der ganz überwiegenden Ansicht re-gelmäßig von Bösgläubigkeit nach § 819 I BGB ausgegangen werden.

- Der Hautpanwendungsfall des obigen Streitstandes bildet in Klausur und Pra-xis die **Rückforderung gemeinschaftsrechtswidriger Subventionen**, die gegen Art. 87 f. EGV verstoßen.

- In typischen Klausurkonstellationen ist der vorliegende Fall häufig nur ein Einstieg zu der komplizierten Frage, wie sich das europäische Gemein-schaftsrecht auf **§ 48 IV VwVfG** auswirkt, vgl. hierzu: STREITSTAND 32.

Literatur

EuGH, NJW 1998, 47 ff. („Alcan"); *BVerwGE* 92, 81 ff.

Die Rücknahme eines rechtswidrigen Veraltungsakts ist nach § 48 IV VwVfG in der Regel nur innerhalb eines Jahres möglich. Neben der Frage, wann diese Frist zu laufen beginnt (s.u.), erscheint fraglich,

Streitstand  ⇨ **inwieweit das Gemeinschaftsrecht die Regelung des § 48 IV VwVfG außer Kraft setzen kann.**

a) Europarechtliche Lösung

Vor allem der *EuGH* und die ihm folgende Literatur vertreten die Auffassung, für die Ausschlussfirst des § 48 IV VwVfG gebe es in Fällen des indirekten Vollzugs von Gemeinschaftsrecht keinen Platz.

Argumente:

- § 48 IV VwVfG ist wie § 48 II VwVfG eine Ausprägung des Vertrauensschutzgrundsatzes. Er muss zur wirksamen Durchsetzung des Gemeinschaftsrechts in den Mitgliedsstaaten im Lichte europarechtskonform ausgelegt werden muss (Stichwort: ***Europarechtskonforme Auslegung vor dem Hintergrund des „effet utile"***).

- Bei einer unbeschränkten Anwendung des § 48 IV VwVfG existiert für nationale Behörden die Versuchung, die Rücknahme des gemeinschaftsrechtswidrigen Verwaltungsakts so lange zu verzögern, bis eine Rücknahme ausgeschlossen und damit das gemeinschaftsrechtswidrige Ziel über einen Umweg letztendlich doch erreicht wird (Stichwort: ***Umgehung des Gemeinschaftsrechts durch § 48 IV VwVfG***).

- Vertrauensschutzgesichtspunkte greifen hier nicht: Vor der Entscheidung der Kommission muss mit ihr gerechnet werden, danach ist sie bekannt (Stichwort: ***Kein Raum für Vertrauensschutz***).

b) Nationalstaatliche Lösung

Zahlreiche Stimmen im Schrifttum vertreten dagegen die Auffassung, § 48 IV VwVfG könne nicht durch das Gemeinschaftsrecht modifiziert werden.

Argumente:

- Der klare Wortlaut von § 48 IV VwVfG lässt keinen Raum für eine europarechtskonforme Auslegung, wie dies für § 48 II VwVfG der Fall ist (Stichwort: ***Wortlaut als Grenze der Auslegung***).

- Der Gedanke des *„effet utile"* ist hier nicht einschlägig: Angesichts des klaren Wortlauts käme man anders als bei § 48 II VwVfG nur mit dem Anwendungsvorrang des Gemeinschaftsrechts weiter. Dieses hält aber keine Derogationsbestimmung vor, welche an Stelle des § 48 IV VwVfG treten soll. (Stichwort: **Kein Anwendungsvorrang ohne Anwendung**).

- Die Kommissionsentscheidung ist an den Mitgliedstaat und nicht an den Subventionsempfänger gerichtet. Weil für den Subventionsempfänger die öffentliche Hand einen monolithischen Block aus Kommission und nationalen Behörden darstellt, ist sein Vertrauen schutzwürdig. Die Entscheidung der Kommission ist ein rein interner Prozess den er gar nicht kennen muss (Stichwort: *„Verwaltung" für den Bürger nur als monolithischer Block wahrnehmbar*).

- § 48 IV VwVfG ist eine Ausprägung des Vertrauensschutzgrundsatzes, der über Art. 20 III GG Verfassungsrang genießt und nach Art. 79 III GG zudem der sog. „Ewigkeitsklausel" unterliegt. Eine Modifikation der Vorschrift durch das Gemeinschaftsrecht ist deshalb ausgeschlossen (Stichwort: *Art. 79 III GG*).

Hinweise

- §§ 48 II und IV VwVfG betreffen die materiell Bestandskraft von Verwaltungsakten. Auch die **Rechtskraft** kann nach Ansicht des *EuGH* im Einzelfall hinter dem *effet utile* zurückstehen müssen, wie das Gericht in seiner *Kühne & Heitz*-Entscheidung (s.u.) erst kürzlich ausgeführt hat.

- Ein „klassisches" Problem im Rahmen des § 48 IV VwVfG, das seit der Entscheidung des Großen Senats des *BVerwG* für die Praxis endgültig entscheiden ist, bildet die Fragestellung, **wann die Jahresfrist zu laufen beginnt**:

  - In der Literatur wird die in § 48 IV VwVfG genannte Frist als **Bearbeitungsfrist** aufgefasst. Demnach beginnt sie zu laufen, in dem die Behörde Kenntnis von der Rechtswidrigkeit des Verwaltungsakts erlangt.

  - Nach der ständigen Rechtsprechung des *BVerwG* liegt dem § 48 IV VwVfG die Idee einer **Entscheidungsfrist** zugrunde, wonach die Frist in dem Zeitpunkt zu laufen beginnt, in dem der Behörde alle entscheidungserheblichen Tatsachen bekannt sind.

Literatur

Kamann/Selmayr, JuS 1998, 148 (152 ff.); *EuGH*, EuGRZ 2004, 67 ff.

Nach § 22 S. 1 VwVfG steht die Aufnahme eines Verwaltungsverfahrens grundsätzlich im Ermessen der Behörde. Davon trifft § 51 VwVfG als *lex specialis* eine abweichende Regelung, indem er die Behörde verpflichtet – „hat...zu" – unter bestimmten Voraussetzungen die Aufhebung oder Änderung eines Verwaltungsakts zu überprüfen. Umstritten ist,

 **Streitstand** ⇨ **ob bereits aus § 51 VwVfG ein Anspruch auf Erlass eines Aufhebungsverwaltungsakts folgt.**

a) §§ 51 i.V.m. 48 f. VwVfG

Teilweise wird vertreten, ein Anspruch könne nur aus einer Ermessensreduzierung auf Null der §§ 48 f. VwVfG mithilfe des § 51 VwVfG folgen.

Argumente:

- § 51 V VwVfG verweist ausdrücklich auf die §§ 48 f. VwVfG und macht damit klar, dass er nur das Wiederaufgreifen selbst regeln will, der tatsächliche Verwaltungsakt in der Sache sich aber weiter nach allgemeinen Regeln richtet (Stichwort: **Wortlaut**).

- Zwei parallele Aufhebungsverfahren anzunehmen, eins nach § 51 VwVfG „direkt" und ein weiteres als Anspruch auf ermessensfehlerfreie Entscheidung nach § 48 I oder § 49 I VwVfG würde Dinge trennen, die zusammengehören und verkomplizierte sie so unnötig (Stichwort: **2-Verfahren-Modell unnötig kompliziert**).

- Rechtschutzlücken entstehen durch die Möglichkeit der Ermessensreduzierung auf Null in §§ 48 f. VwVfG nicht, vielmehr entsteht eine flexiblere Lösung um in Ausnahmefällen trotz Wiederaufnahme des Verfahrens gegen eine Aufhebung zu entscheiden (Stichwort: **Flexibilität**).

b) § 51 VwVfG direkt

Überwiegend wird ein Aufhebungs- bzw. Änderungsanspruch direkt aus § 51 VwVfG hergeleitet.

Argumente:

- § 51 V VwVfG lässt §§ 48 f. VwVfG „unberührt". Damit verweist er nicht auf sie, wie die Gegenmeinung annimmt, sondern stellt gerade ihre *parallele* Geltung klar (Stichwort: **„§§ 48 f. VwVfG unberührt"**).

- Wenn aus § 51 VwVfG nicht auch der Aufhebungsanspruch folgte, hätte er keinen relevanten konstitutiven Regelungsgehalt, denn welchen rechtsschutzerweiternden Zweck hat ein Anspruch auf Wiederaufnahme des Verfahrens, wenn demselben kein Anspruch in der Sache entspricht (Stichwort: *Wiederaufnahmeanspruch alleine zahnlos*).

Hinweis

Mit dem obigen Streitstand hängt die Frage zusammen, wie ein Anspruch nach **§ 51 VwVfG prozessual** durchzusetzen ist. Einerseits könnte man im Sinne einer Mindermeinung zum Schluss kommen, dass zwei getrennte Klagen notwendig sind, die erste auf Wiederaufnahme des Verfahrens und sodann die zweite auf Entscheidung in der Sache. Während die zweite Klage sicher eine Verpflichtungsklage wäre, wäre sodann fraglich, ob die erste eine Leistungsklage oder ebenso eine Verpflichtungsklage ist. Das hängt dann davon ab, ob man der Entscheidung zum Wiederaufgreifen regelnde Außenwirkung nach § 35 VwVfG und somit Verwaltungsaktsqualität zuspricht oder ob man dies angesichts der Finalisierung auf die Entscheidung in der Sache ablehnt. Im Ersten Fall ist auch hier die Verpflichtungsklage einschlägig, im zweiten die Leistungsklage.

Zustimmung verdient jedoch die herrschende Ansicht, wonach eine einzige (Verpflichtungs-)Klage zur Verfolgung des Begehrens ausreicht. Denn Wiederaufnahmeanspruch und Anspruch in der Sache sind wie gezeigt sehr eng verknüpft. Diese prozessökonomische Lösung entspricht zugleich jedenfalls dem Rechtsgedanken des § 44a VwGO, wenn dieser sie nicht sogar erzwingt.

Literatur

Erichsen/Ebber, Jura 1997, 424 ff.

In mehrpoligen Verwaltungsrechtsverhältnissen zwischen Verwaltung und mehreren Bürgern wird der Interessenkonflikt zwischen dem Schutz privaten Vertrauens und öffentlichem Interesse komplexer. § 50 VwVfG versucht dies für begünstigende Verwaltungsakte zu regeln, indem er im Verhältnis zwischen Bürgern den Vertrauensschutz für die Dauer der rechtlichen Auseinandersetzung über den Verwaltungsakt in Widerspruchs- oder Verwaltungsgerichtsverfahren, aussetzt. Umstritten im Zusammenhang mit § 50 VwVfG ist,

 **Streitstand** ⇨ **ob die Norm bereits vor Widerspruchserhebung durch einen Drittbetroffenen anzuwenden ist.**

a) Extensive Auslegung

Vor allem das *BVerwG* und die ihm folgende Rechtsprechung meint, § 50 VwVfG setze nicht voraus, dass ein Dritter bereits Widerspruch eingelegt habe. Ausreichend sei vielmehr die bloße Möglichkeit einer solchen Rechtsverfolgung, mithin die noch nicht eingetretene formelle Bestandskraft.

Argument:

- Solange der den Adressaten begünstigende Verwaltungsakt noch von Dritten auch nur potentiell angegriffen werden kann, besteht schon kein schützenswertes Vertrauen des Adressaten, welche die Anwendung der Vertrauensschutznormen rechtfertigen könnte (Stichwort: *Formelle Angreifbarkeit des Verwaltungsakts lässt Vertrauensschutz entfallen*).

b) Restriktive Auslegung

In der Literatur wird nach ganz herrschender Auffassung zumindest die Einlegung eines Widerspruchs verlangt, damit die Anwendung von § 50 VwVfG überhaupt in Frage kommt.

Argumente:

- § 50 VwVfG verlangt als Verfahrensgegenstand einen Verwaltungsakt, „der von einem Dritten angefochten worden ist". Das Perfekt macht deutlich, dass dazu eine Anfechtung durch Anfechtungswiderspruch bereits stattgefunden haben muss (Stichwort: *Wortlaut „angefochten worden"*).

- Die Suspendierung des Vertrauensschutzes rechtfertigt sich nur durch ein konkretes kontradiktorisches Verhältnis zwischen Privaten. Dass irgendein Dritter vielleicht Rechte verfolgen könnte, reicht nicht aus (Stichwort: *Rechtsschutz nur für Rechtsverfolgung*).

Hinweise

- Die Gegenmeinung stößt auf kaum zu überwindende **Schwierigkeiten**, wenn sie den Verwaltungsakt – § 50 VwVfG entsprechend – ohne Rücksicht auf Vertrauensschutzgesichtspunkte aufhebt und der Dritte dann schließlich doch keinen Widerspruch einlegt. Dem Widerspruch des begünstigten Adressaten ist dann stattzugeben, weil die Aufhebung seiner Begünstigung unter Außerachtlassung von Vertrauensschutzgesichtspunkten jedenfalls ermessensfehlerhaft war. Zwar kommt eventuell eine Heilung im Widerspruchsverfahren über § 45 I Nr. 2 VwVfG in betracht, jedoch wird selbst dann das maßgebliche Ermessen im Ergebnis von der sachferneren Widerspruchsbehörde ausgeübt, obwohl *ex post* ein simples zweipoliges Verhältnis vorlag.

- Bei dem vorliegenden Streit ist sorgsam auf dessen **Relevanz** zu achten: Wenn der Verwaltungsakt ohnehin bereits durch Fristablauf formell bestandskräftig geworden ist – was in der Verwaltungspraxis, nicht aber unbedingt in der Examenspraxis regelmäßig der Fall sein wird –, darf obiger Streit allenfalls in einem Nebensatz erwähnt, aber auf keinen Fall entschieden werden.

Literatur

Gassner, JuS 1997, 794 ff.

Die grundsätzliche Funktionsweise des § 50 VwVfG besteht in der Suspendierung von Vertrauensschutz während der Anfechtung des Verwaltungsakts durch einen Drittbetroffenen. Nach herrschender Meinung muss dafür zumindest bereits Widerspruch durch den Dritten eingelegt worden sein (vgl. STREITSTAND 34). Außerdem besteht heute Einigkeit darüber, dass der Widerspruch zulässig sein muss. Umstritten im Rahmen der Begründetheitsprüfung ist,

 ⇨ **welche zusätzlichen Anforderungen an den eingelegten Widerspruch zu stellen sind.**

a) Begründetheit irrelevant

Teilweise wird vertreten, auf die Begründetheit des Widerspruchs könne es nicht ankommen.

Argumente:

- § 50 VwVfG verweist auch auf den Widerruf nach § 49 VwVfG. Da dieser immer rechtmäßige Verwaltungsakte betrifft, ist der Drittwiderspruch hier stets unbegründet. Um den Verweis nicht seines Sinnes zu berauben, darf es deshalb auf die Begründetheit des Widerspruchs nicht ankommen (Stichwort: *Verweis auf § 49 VwVfG*)

- Der Einwand der *actio popularis* kann nicht durchgreifen, da dieser bereits durch den Prüfungspunkt Widerspruchsbefugnis in der Zulässigkeit verhindert wird (Stichwort: *Zulässigkeit als Schutz gegen Popularrechtsbehelf*).

b) Begründetheit erforderlich

Eine andere Auffassung hält es für erforderlich, dass der Widerspruch vollständig begründet ist.

Argumente:

- In § 72 VwGO wird der Begriff „abhelfen" mit einem begründeten Widerspruch in Verbindung gebracht. Dass der Gesetzgeber diesen Sprachgebrauch auch im VwVfG beibehalten wollte, belegt die Gesetzgebungsgeschichte, nach der §§ 48 ff. VwVfG von der VwGO her gedacht sind (Stichwort: *Zusammenhang mit § 72 VwGO*)

- Nach dem Amtsermittlungsgrundsatz der §§ 24 ff. VwVfG muss die Ausgangsbehörde ohnehin umfassende selbständige Prüfungsbemühungen anstellen. Von diesem Grundsatz ist in § 50 VwVfG jedenfalls nicht hinreichend deutlich abgewichen worden (Stichwort: *§§ 24 ff. VwVfG*).

- § 50 VwVfG soll lediglich in substantiierten mehrpoligen Situationen den Vertrauensschutz suspendieren. Nicht gedacht ist § 50 VwVfG als *actio popul-aris*. Deshalb muss dem Dritten abverlangt werden, einen zulässigen und darüber hinaus begründeten Widerspruch vorzutragen um dem Adressaten seinen Schutz zu nehmen (Stichwort: ***Reaktivierung des Vertrauensschutzes des Begünstigten***).

Hinweise

- Teilweise wird in der Literatur auch die vermeintlich **vermittelnde Ansicht** vertreten, es zwar keine Begründetheit des Widerspruchs erforderlich, der Widerspruch dürfe aber zumindest **nicht offensichtlich unbegründet** sein. Diese Ansicht bringt jedoch nichts Neues, da einem offensichtlich unbegründeten Widerspruch bereits die nach § 42 II VwGO analog erforderliche Widerspruchbefugnis fehlt. Dann aber scheitert § 50 VwVfG schon nach einhelliger Ansicht am Erfordernis der Zulässigkeit des Widerspruchs.

- Es dreht sich bei dem geschilderten Streitstand also im Wesentlichen um die Auslegung des Merkmals „ **... abgeholfen wird**" in § 50 VwVfG:

  - Die Theorie, welche der Begründetheit des Widerspruchs keine eigenständige Bedeutung beimisst, versteht unter dem Merkmal lediglich ein rein faktisches Nachkommen gegenüber dem Drittwiderspruchsbegehren.

  - Die andere Auffassung versteht unter dem Abhelfen in § 50 VwVfG dagegen einschränkend, einem begründeten Widerspruch nachzukommen.

Literatur

Rennert, VerwA 2000, 209 ff.

Unter den Verwaltungsverträgen werden gemeinhin sog. koordinationsrechtliche und subordinationsrechtliche Verträge unterschieden. Letztere sind in § 54 S. 2 VwVfG normiert und unterliegen dem besonderen Regime der §§ 55, 56, 59 II und 61 VwVfG. Umstritten ist,

Streitstand  **welche Reichweite § 54 S. 2 VwVfG hat.**

a) Restriktive Auslegung

Teilweise wird vertreten, ein subordinationsrechtlicher Verwaltungsvertrag liege genau dann vor, wenn eine Ermächtigungsgrundlage zu einem entsprechenden öffentlichen Handeln per Verwaltungsakt besteht.

Argumente:

- § 54 S. 2 VwVfG formuliert „anstatt einen Verwaltungsakt zu erlassen" und drückt damit aus, dass der Verwaltungsvertrag als beliebiger Wechsel der Handlungsform an die Stelle eines Verwaltungsakts getreten sein muss. Diese Handlungsalternativität besteht nur, wenn auch eine gesetzliche Grundlage für das Handeln per Verwaltungsakt besteht (Stichwort: ***Wortlaut***).

- § 56 II VwVfG bezieht sich wie Absatz 1 auf subordinationsrechtliche Verträge. Hierin wird auf eine hypothetische Nebenbestimmung nach § 36 VwVfG abgestellt. Der Vertrag wird also wie ein als-ob-Verwaltungsakt behandelt. Dies ist aber nur dann sinnvoll, wenn diese Handlungsalternative überhaupt besteht (Stichwort: ***Systematik §§ 56 II, 36 VwVfG***).

- Der dem § 54 S. 2 VwVfG zugrundeliegende Rechtsgedanke ist zwar die Verhandlungsdisparität zwischen Staat und Bürger, allerdings nur in der bezeichneten Schärfe, dass die hoheitliche Regelung beim Scheitern von Verhandlungen unmittelbar per Verwaltungsakt festgesetzt werden könnte. (Stichwort: ***Rückgriff auf Verwaltungsakt möglich***).

b) Extensive Auslegung

Überwiegend wird die Kategorie des subordinationsrechtlichen Verwaltungsvertrags allgemein auf Über-/Unterordnungsverhältnisse ausgedehnt, ohne dass es auf die spezifische Befugnis zum Erlass eines Verwaltungsakts ankommt.

- Schutzzweck der §§ 55, 56, 59 II und 61 VwVfG ist nicht nur der Schutz des Bürgers vor dem Staat, sondern auch der Schutz des Staates vor sich selbst durch Verhinderung des Ausverkaufs von Hoheitsbefugnissen. Diese zweite teleologische Wurzel des § 54 S. 2 VwVfG würde sachfremd angeknüpft, wenn es auf die bloß formelle Möglichkeit eines Handelns per Verwaltungsakt ankäme (Stichwort: **Kein Ausverkauf von Hoheitsbefugnissen als Schutzzweck**).

Hinweise

- Die herrschende Tendenz zu einer Ausweitung der Anwendung der Normen zum Verwaltungsvertrag schlägt sich auch bei der dem vorliegenden Problem vorgelagerten Frage nach dem **öffentlich-rechtlichen Charakter des Vertrags** (vgl. allgemein STREITSTAND 24): Hier kann nicht nur im Fall des gemischten Vertrags der gesamte Vertrag als öffentlich-rechtlich angesehen werden, wenn sein durch Auslegung zu bestimmender Schwerpunkt dort liegt. Der bloße wirtschaftliche Gesamtzusammenhang mit einem öffentlich-rechtlichen Handeln kann sogar Verträge als öffentlich-rechtlich erscheinen lassen, in denen selbst keine öffentlich-rechtliche Verfügung getroffen wird. Solche Verträge nennt man „hinkende Austauschverträge", in denen die hoheitliche Leistung dem Vertrag de facto nachfolgt, aber als Geschäftsgrundlage bereits bei Vertragsschluss präsent ist (typisches Beispiel: Gemeinde verspricht späteren Bebauungsplan, wenn Bürger jetzt vertraglich Kosten übernimmt). § 56 VwVfG findet auch hier (analoge) Anwendung.

- Manchmal ist zweifelhaft, ob ein Verwaltungsvertrag der **Handlungsform** nach vorliegt. Entscheidend für einen Verwaltungsvertrag ist dann ein vom Vertragswillen begleitetes **konsensuales Zusammenwirken von Staat und Bürger**. Dieses muss (1) von Rechtsbindungswillen getragen sein und (2) Verhandlungscharakter derart haben, dass die getroffenen Regelungen ernsthaft zur Disposition stehen. Beim Fehlen von (1) liegt eine bloß informelle Absprache vor, beim Fehlen von (2) ein Verwaltungsakt.

Literatur

Höfling/Krings, JuS 2000, 625 ff.

Wenn Rechtsverstöße auftreten, ist bei Verwaltungsverträgen die von Verwaltungsakten her bekannte Unterscheidung zwischen Rechtswidrigkeit und Nichtigkeit zu treffen. Grundsätzlich bleiben nach § 43 II VwVfG Verwaltungsakte wirksam, auch wenn sie rechtswidrig sind. Entsprechend sind auch Verwaltungsverträge nur ausnahmsweise nach § 59 VwVfG nichtig, sofern die darin enthaltenen Rechtsverstöße vorliegen. Umstritten ist,

 ⇨ **ob durch den Verweis des § 59 I VwVfG auch § 134 BGB erfasst wird.**

a) Rechtswidrigkeit im Zweifel gleich Nichtigkeit

Teilweise wird vertreten, der Verweis auf „Vorschriften des BGB" sei als umfassend zu verstehen. Dies führe über § 134 BGB zu einer effektiven Gleichsetzung von Rechtswidrigkeit und Nichtigkeit bei Verwaltungsverträgen.

Argumente:

- Der Verweis des § 59 I VwVfG auf § 134 BGB als Vorschrift des BGB ist eindeutig (Stichwort: ***Wortlaut***).

- Nichtigkeit als unmittelbare Folge der Rechtswidrigkeit ist der effektivste Weg um die Rechtmäßigkeit der Verwaltung herzustellen, wie sie das Rechtsstaatsprinzip nach Art. 20 III GG fordert und es zugleich dem allgemeinen Grundsatz, dass rechtswidrige Rechtsnormen nichtig sind, entspricht. Die Ausnahmeregelungen in §§ 43 II, 44 VwVfG sind den Besonderheiten des Verwaltungsakts geschuldet (Stichwort: ***Nichtigkeit als allgemeiner Grundsatz***).

b) Erfordernis des qualifizierten Rechtsverstoßes

Herrschend wird die Rechtswidrigkeit als solche nicht zur Begründung von Nichtigkeit für ausreichend gehalten, sondern ein „qualifizierter Rechtsverstoß" verlangt.

Argumente:

- Besonders der systematische Vergleich mit § 59 II Nr. 2 VwVfG, der zur Nichtigkeit über die bloße Rechtwidrigkeit hinausgehende Voraussetzungen statuiert, zeigt, dass Nichtigkeit beim Verwaltungsvertrag die Ausnahme sein soll. Könnte die Rechtswidrigkeit über §§ 59 I VwVfG i.V.m. 134 BGB mit der Nichtigkeit parallel geschaltet werden, so wäre § 59 II VwVfG überflüssig (Stichwort: ***§ 59 II VwVfG muss Regelungsgehalt haben***).

- Der Verweis in den „Scharniernormen" des § 59 I VwVfG und § 134 BGB ist auslegungsbedürftig, wobei die Frage gerade darin besteht, wie weit der Verweis reicht. Ein bloßer Hinweis auf den Wortlaut kann die Gegenmeinung daher gerade nicht tragen (Stichwort: *Wortlaut alleine reicht nicht*).

- Schon in § 9 VwVfG, aber auch in § 54 S. 2 VwVfG wird deutlich, dass das Gesetz Verwaltungsakt und Verwaltungsvertrag als gleichwertige Handlungsformen ansieht. Dasselbe Interesse an der Funktionsfähigkeit der Verwaltung, welche die Wirksamkeit leichter nachprüfen kann als die Rechtmäßigkeit, führt demnach zu den Regelungen der §§ 43 II, 44 VwVfG für Verwaltungsakte und § 59 VwVfG für Verwaltungsverträge. Dem ist durch qualifizierte Ansprüche an den „Grad" der Rechtswidrigkeit Rechnung zu tragen. (Stichwort: *Parallele zum Verwaltungsakt*).

Hinweise

- Bei **Nichteinhaltung der Schriftform** nach § 57 VwVfG wird die Nichtigkeit des Vertrags in der Literatur uneinheitlich hergeleitet:

  - Teilweise wird die Nichtigkeit direkt aus § 54 VwVfG hergeleitet, da die Verwaltung keine solchen Verträge abschließen „kann".

  - Ein andere Ansicht stellt auf §§ 62 S. 2 VwVfG, 125 BGB ab.

  - Richtiger dürfte es indes sein, die Nichtigkeit mit Hinweis auf §§ 59 I VwVfG, 125 BGB zu begründen. Das „kann" in § 54 VwVfG ist nämlich als Kompetenznorm zu verstehen, während §§ 62 S. 2 VwVfG, 125 BGB gegenüber §§ 59 I VwVfG, 125 BGB als *leges generales* zurücktreten.

- Werden **europarechtswidrige Subventionen** ohne Genehmigung der Kommission nach Art. 88 III EGV durch Verwaltungsvertrag gewährt (vgl. STREITSTAND 30 zur Gewährung per Verwaltungsakt), ist die Nichtigkeitsnorm umstritten:

  - § 58 VwVfG scheidet aus, da die Kommission weder Behörde im Sinne der §§ 58 II, 1 IV VwVfG ist, noch mit Rechten ausgestatte Dritte gemäß § 58 I VwVfG, da *Rechte* nur privaten Dritten zustehen, die Kommission jedoch als Träger öffentlicher Gewalt über *Befugnisse* verfügt.

  - § 59 II Nr. 2 VwVfG reicht nicht aus, da beiderseitige Kenntnis hier keine Rolle spielen darf.

  - Nach richtiger Ansicht muss daher auf §§ 59 I VwVfG, 134 BGB i.V.m. Art. 88 III EGV zurückgegriffen werden.

Literatur

Erichsen, Jura 1994, 47 ff.

<table>
<tr><td>**38**</td><td>**Erfordernis einer Ermächtigung zum Handeln durch Verwaltungsvertrag**</td><td>K/R
§ 54
Rn 2b</td></tr>
</table>

Im öffentlichen Recht gilt der Grundsatz des Vorbehalts des Gesetzes. Dieser sowohl im Rechtsstaats- und Demokratieprinzip als auch in den Grundrechten wurzelnder Gedanke bindet jedes öffentliche Handeln an eine entsprechende gesetzliche Ermächtigung. Umstritten ist insbesondere,

 **Streitstand** ⇨ **ob ein solcher Gesetzesvorbehalt auch das Handeln durch Verwaltungsvertrag betrifft.**

a) Gesetzesvorbehalt

Vor allem die Literatur wird vereinzelt vertreten, der Vorbehalt des Gesetzes sei auch im Rahmen des Verwaltungsvertrages zu beachten.

Argumente:

- Nach der Wesentlichkeitstheorie sind alle grundsätzlichen Entscheidungen, welche einen Grundrechtsbezug aufweisen, vom Parlament selbst zu treffen. Diese Theorie weist eine objektive Komponente auf, die den Spielraum der Legislative umreißt und die auch nicht im Wege des Grundrechtsverzichts des Einzelnen umgangen werden kann. Hat ein Verwaltungsvertrag demnach einen Grundrechtsbezug, bedarf es zu seinem Abschluss eines Gesetzes (Stichwort: *Objektiver Gehalt der Wesentlichkeitstheorie*).

- Auch nicht finale Beeinträchtigungen der Freiheitssphäre des Bürgers stellen nach neuerer Dogmatik so genannte faktische Eingriffe dar, für deren Rechtfertigung es eines Gesetzes bedarf. Aufgrund der Disparität zwischen Bürger und Staat kann letzterer einen derartigen Druck auf seinen privaten Verhandlungspartner ausüben, dass dieser sich genötigt fühlen wird, mit dem Staat zu kontrahieren und damit Elemente seiner Freiheitssphäre einzubüßen. Dies ist nicht anderes als ein rechtfertigungsbedüftiger faktischer Eingriff (Stichwort: *Staat kann Druck ausüben, der einem faktischen Eingriff gleichkommt*).

b) Kein Gesetzesvorbehalt

Herrschend wird vertreten, zum Handeln durch Verwaltungsvertrag sei keine gesonderte gesetzliche Ermächtigung erforderlich.

Argumente:

- Da der Vertrag auch vom Willen des Bürgers getragen ist, liegt in der getroffenen Regelung bereits kein Eingriff in die Grundrechte des Bürgers. Auf einen Grundrechtsverzicht kommt es nicht an (Stichwort: *Kein Eingriff*).

- Der Hinweis auf den objektiven Gehalt der Wesentlichkeitstheorie und die Gefahr der Benachteiligung des Bürgers aufgrund der übermächtigen Stellung des Staates verfangen nicht, da §§ 54 ff. VwVfG umfassende einfachgesetzliche Regelungen beinhalten, die sowohl der Wesentlichkeitstheorie gerecht werden als auch den Bürger vor der Ausübung eines unzulässigen Druckes durch den Staat schützen (Stichwort: *§§ 54 ff. VwVfG reichen als Schutz*).

Hinweise

- Hier besteht ein Zusammenhang mit dem **Problem des Gesetzesvorbehalts bei Leistungsverwaltung** (vgl. STREITSTAND 41). Wer dort entscheidend auch die Rechte Dritter betroffen sieht und so zum Erfordernis einer gesonderten gesetzlichen Ermächtigung kommt, muss dies unabhängig von der Handlungsform der Verwaltung tun.

- Ein besonderer Zusammenhang mit dem Vorbehalt des Gesetzes besteht auch hinsichtlich der **Durchsetzung von Pflichten des Bürgers aus dem Verwaltungsvertrag.** Hier könnte man geneigt sein, die polizeirechtliche Generalklausel unter dem Merkmal der öffentlichen Sicherheit heranzuziehen, zu welcher alle öffentlich-rechtlichen Regelungen überhaupt zählen. Dann würde aber § 61 I VwVfG unterlaufen, der zur sofortigen Vollstreckung eine entsprechende Einverständniserklärung des Bürgers verlangt. Die Verwaltungsbehörde kann dies nicht einfach dadurch umgehen, dass sie ihren Vertrag auf polizeirechtlichem Wege „von selbst" vollstreckt. Deshalb ist für eine solche Vollstreckung nach der Rechtsprechung des *BVerwG* eine spezielle gesetzliche Grundlage erforderlich.

Literatur

Höfling/Krings, JuS 2000, 625 (630)

Innerhalb der Verwaltung besteht häufig das Bedürfnis, auf übergeordneter Ebene vor allem technische Sachverhalte in normkonkretisierenden Verwaltungsvorschriften, wie beispielsweise technischen Anleitungen – TA Luft, TA Lärm – allgemeinverbindlich festzulegen. Jedenfalls als Innenrecht binden sie untergeordnete Verwaltungsbehörden. Umstritten ist,

 **Streitstand** ⇨ **ob auch die Gerichte Verwaltungsvorschriften als verbindliches Recht anwenden müssen.**

a) Keine Bindungswirkung

Traditionell wird eine Außenbindung von Verwaltungsvorschriften gleichviel welcher Art abgelehnt.

Argumente:

- Eine Bindungswirkung würde den Gewaltenteilungsgrundsatz gleich zweifach verletzen: Erstens würde sich die Exekutive als Quasigesetzgeber gerieren und zweitens würde sie sich anmaßen ihre Interpretation unbestimmter gesetzlicher Rechtsbegriffe der Judikative aufzuzwingen (Stichwort: *Gewaltenteilung*).

- Das Grundgesetz sieht für das vorgetragene Regelungsbedürfnis das Institut der Rechtsverordnung nach Art. 80 GG vor. Vor allem deren Publizitätsvoraussetzungen würden umgangen, wenn sich derselbe Regelungsgehalt kurzer Hand per Verwaltungsvorschrift normieren ließe (Stichwort: *Keine Umgehung von Art. 80 GG*).

b) partielle Bindungswirkung

Vor allem in neuerer Zeit gewinnt die Ansicht Zulauf, für den besonders sensiblen Teil der Verwaltungsvorschriften, welche normkonkretisierend sind, sei eine Bindungswirkung anzunehmen.

Argumente:

- Bei den Festsetzungen etwa von Richtwerten, Karenzmargen usw. handelt es sich um hoch politische und delikate Wertentscheidungen, die kein Einzelrichter in freier Rechtsschöpfung treffen darf, sondern vielmehr von der Exekutive verbindlich festgelegt werden müssen (Stichwort: *Exekutivspielraum*).

- Gerade für die TA Luft und TA Lärm ist in § 48 BImSchG eine gesonderte Ermächtigungsgrundlage geschaffen worden. Zum Erlass bloßer Innenrechtssätze war das wegen Art. 84 II GG nicht erforderlich. Also muss es sich hierbei um die Einräumung eines Standardisierungsspielraumes handeln, dessen Ausfüllung durch Verwaltungsvorschriften auch eine Außenwirkung herbeiführt (Stichwort: *§ 48 BlmSchG als Indiz*).

Hinweise

- Neben den geschilderten Fällen, die vornehmlich im Bereich des Technik- und Umweltrechts eine Rolle spielen, zu unterscheiden sind Probleme im Zusammenhang mit **norminterpretierenden Verwaltungsvorschriften**. Hier ist vor allen Dingen umstritten, ob diese eine **mittelbar rechtliche Außenwirkung** entfalten. Regelmäßig geht es um Konstellationen, in denen dem Bürger eine Begünstigung unter Verstoß gegen interne Verwaltungsvorschriften verwehrt wird. Während der Betroffenen sich nach allgemeiner Ansicht im Rechtsstreit mit der Behörde auf die Verwaltungsvorschriften berufen kann, bleibt umstritten, mit welchen Gründen dies möglich ist:

  - Vereinzelt wird dies mit dem **Grundsatz des Vertrauensschutzes** begründet, wonach dem Bürger ein Anspruch darauf einzuräumen ist, dass die Verwaltung sich an ihre eigenen Verwaltungsvorschriften hält.

  - Die ganz herrschende Gegenmeinung bestreitet indes einen solchen Anspruch, da der Bürger gar nicht Adressat der Verwaltungsvorschrift ist und sich mithin nicht auf diese berufen kann und muss. Es genügt vielmehr, dass der Bürger sich auf den **Gleichheitssatz** berufen kann, indem er in Fällen, in denen von der behördlichen Praxis abgewichen wird, einen Verstoß gegen die Selbstbindung der Verwaltung rügen kann.

- Auch hier gilt, dass der Streit nicht entscheiden werden muss, da zumindest im Hinblick auf das Ergebnis Einigkeit besteht und norminterpretierende Verwaltungsvorschriften mittelbar rechtliche Außenwirkung haben.

Literatur

Breuer, DVBl. 1978, 28 (34 ff.)

40 Fortgeltung einer Rechtsverordnung bei Wegfall der gesetzlichen Grundlage

J/P
Art. 80
Rn 15

Unter einer Rechtsverordnung ist eine von der Exekutive erlassene Rechtsnorm zu verstehen. Sie unterscheidet sich folglich nur durch den Normgeber von den formellen Gesetzen. Die Einzelheiten betreffend den Erlass einer Rechtsverordnung regelt auf Bundesebene Art. 80 I GG. Dennoch ist seit geraumer Zeit umstritten,

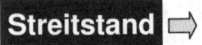 **Streitstand** ⇨ **ob die Rechtsverordnung fortgilt, wenn das zu ihrem Erlass ermächtigende Gesetz wegfällt.**

a) Theorie von der unbeschränkten Fortgeltung

Namentlich das *BVerfG* und die ihm folgende Literatur sind der Auffassung, dass eine Rechtverordnung unabhängig von dem zu ihrem Erlass ermächtigenden Gesetz fortgilt, selbst wenn dieses später unwirksam wird.

Argument:

- Art. 80 I GG fordert eine strenge Akzessorietät der Rechtsverordnung zum Ermächtigungsgesetz nur für den Zeitpunkt ihres Erlasses, jedoch nicht für die Zeit danach, so dass das allgemeine Prinzip gelten muss, nach dem eine Rechtsnorm Geltung beansprucht, so lange sie nicht außer Kraft gesetzt wird (Stichwort: *Art. 80 I GG schweigt zu der Frage, also gilt die Verordnung, solange sie nicht aufgehoben wird*).

b) Theorie vom Außerkrafttreten der Rechtsverordnung

Vermehrt wird die Meinung vertreten, eine Rechtsverordnung müsse außer Kraft treten, wenn die gesetzliche Grundlage, die zu ihrem Erlass ermächtigte, später wegfällt.

Argumente:

- Sinn und Zweck einer Rechtsverordnung ist regelmäßig die Durch- und Ausführung der gesetzlichen Regelungen, die zu ihrem Erlass berechtigen. Existiert folglich dieses Gesetz nicht mehr, bedarf es grundsätzlich auch nicht mehr dessen Konkretisierung im Einzelfall, so dass die Rechtsverordnung ihre Daseinsberechtigung verliert (Stichwort: *Telos der Rechtsverordnung liegt in der Gesetzespräzisierung*).

- Freiheitsbeschränkungen sind oftmals durch Gesetz oder aufgrund eines Gesetzes, das heißt durch eine Rechtsverordnung möglich. Da ein unmittelbar auf ein Gesetz gestütztes Eingreifen in eine geschützte Freiheitssphäre jedoch nur möglich ist, solange das zum Eingriff ermächtigende Gesetz wirk-

sam ist, muss dies erst recht für Eingriffe auf Grundlage von Rechtsverordnungen gelten (Stichwort: *Eingriff nur bei bestehendem Gesetz
rechtmäßig im Sinne der Wesentlichkeitstheorie*).

Hinweise

- Eine ähnliche Fallkonstellation betrifft die Frage, ob eine Rechtsverordnung
  fortgelten kann, wenn das zu ihrem Erlass **ermächtigende Gesetz** nicht
  wegfällt, sondern nur **modifiziert** oder **durch ein neues Gesetz ersetzt** wird:

  - Die ganz herrschende Meinung nimmt in diesen Fällen eine Fortgeltung
    der Rechtsverordnung an, wenn die Ermächtigungsgrundlagen sich im
    Wesentlichen decken.

  - Überlegenswert erscheint die Ansicht der Mindermeinung, nach der die
    Anpassung der Rechtsverordnung an die prinzipiell identische Nachfolge-
    regelung rechtstechnisch keine Modifikation der alten Verordnung dar-
    stellt, sondern deren impliziten Neuerlass bildet.

- Fraglich ist, auf welchem Wege der Bürger **prozessual gegen eine Rechtsverordnung vorgehen** kann. Der einfachste Weg dürfte über § 47 VwGO
  führen, jedoch erfasst diese Norm nicht alle Bereiche, in denen regelmäßig
  Rechtsverordnungen erlassen werden. In diesen Fällen sowie in Konstellationen der unmittelbar wirkenden Rechtsverordnung soll nach der Rechtsprechung des *BVerwG* nunmehr die Erhebung einer allgemeinen
  Feststellungsklage gemäß **§ 43 VwGO** möglich sein. Problematisch an diesem Lösungsansatz ist indes, dass die allgemeine Feststellungsklage – im
  Gegensatz zum Normenkontrollverfahren – lediglich *inter partes* wirkt.

- Art. 80 II GG sieht in bestimmten Konstellation eine Mitwirkungspflicht des
  Bundesrates beim Erlass von Rechtsverordnungen durch die Bundesregie-
  rung. Auch der **Bundestag** kann sich nach herrschender Meinung eine
  Kontrollfunktion über eine Rechtsverordnung des Bundes beibehalten, indem
  es im ermächtigenden Bundesgesetz eine Klausel einfügt, welche das Inkrafttreten der Rechtsverordnung von der Zustimmung des Parlaments
  abhängig macht.

Literatur

Kotulla, NVwZ 2000, 1263 ff.; *Seiler*, JuS 2002, 156 ff.

Zu den Verwaltungsaufgaben gehört auch – etwa im Rahmen von Subventions-vergaben – die so genannte Leistungsverwaltung. Hier tritt der Staat unmittelbar nicht als Gegner, sondern Förderer individueller Freiheit auf, indem er Darlehen vergibt, Bürgschaften übernimmt usw. Umstritten ist in diesem Zusammenhang,

Streitstand ⟹ ob auch zur Leistungsverwaltung ein formelles Ermächtigungsgesetz erforderlich ist.

a) Spezielle Ermächtigungsgrundlage nötig

Teilweise wird vertreten, ohne ein spezielles zur Vergabe der Leistung ermächti-gendes Parlamentsgesetz sei die Vergabe rechtswidrig.

Argumente:

- Nicht nur die Erhebung, auch die politisch genauso brisante Verteilung der Staatsmittel muss parlamentarisch kontrolliert und in einem entsprechenden Ermächtigungsgesetz bewilligt werden. Sonst besteht die Gefahr einer will-kürlichen Verteilung nach privater Opportunität. Insofern sprechen sowohl das Demokratieprinzip in Art. 20 I GG als auch das Rechtsstaatsprinzip in Art. 20 III GG für die Notwendigkeit einer speziellen Ermächtigung (Stichwort: *Art. 20 I, III GG*).

- Durch mittelbar betroffene Mitbewerberinteressen können zumindest grund-rechtstypische Gefährdungslagen insbesondere für Art. 12 GG entstehen, was auch für einen Gesetzesvorbehalt spricht (Stichwort: *Grundrechtsge-fährdung*).

b) I.d.R. keine spezielle Ermächtigung nötig

Herrschend wird bei der Leistungsverwaltung im Regelfall eine gesonderte Er-mächtigung der Verwaltung für entbehrlich gehalten.

Argumente:

- Eine parlamentarische Kontrolle, ob überhaupt Mittel zur Verfügung gestellt werden, besteht in Form der gesetzlichen Bewilligung des Haushalts. Dieses Budgetrecht des Parlaments reicht auch in der Kontrolldichte aus (Stichwort: *Art. 110 GG ausreichend*).

- Subventionen leben von der entsprechenden Flexibilität der Verwaltung in Art und Gestaltung von Rechtsverhältnissen und sind daher eine genuine Kom-petenz der Exekutive, so dass Art. 20 GG nicht verletzt ist (Stichwort: *Kernbereich Exekutive*).

- Eine ausreichende Selbstbindung der Verwaltung entsteht bereits durch Art. 3 I GG i. V. m. entsprechenden Verwaltungsvorschriften wie Förderrichtlinien, Fördersätzen und Förderkontingenten (Stichwort: **Selbstbindung der Verwaltung reicht aus**).

Hinweise

- Ausnahmsweise auch für die herrschende Meinung erforderlich ist ein formelles Ermächtigungsgesetz, wenn eine **konkrete Grundrechtsberührung** nachweisbar ist: Als prominentes Beispiel ist die Pressesubvention zu nennen. Hier gebietet Art. 5 I 2 GG als für die Demokratie „schlechthin konstituierendes" Grundrecht in Verbindung mit der Wesentlichkeitstheorie zumindest den Erlass einer speziellen gesetzlichen Grundlage, nach teilweise vertretener Ansicht sogar das radikale Verbot einer solchen Subvention. Eine ähnliche Ausnahme lässt aber auch andernorts, etwa bei der Förderung von Kirchen aus dem Gebot weltanschaulicher Neutralität nach Art. 4 I GG herleiten.

Literatur

Jarass, NVwZ 1984, 473 ff.

Verwaltungsvollstreckungsrecht

Das Rechtsinstitut der Verwaltungsvollstreckung bezeichnet das staatliche Verfahren, mit dem eine öffentlich-rechtliche Verpflichtung des Bürgers zwangsweise durchgesetzt werden kann. Die normative Grundlage dieses Rechtsinstituts bildet das Verwaltungsvollstreckungsgesetz des Bundes (**VwVG**) sowie die einzelnen landesgesetzlichen Regelungen, die teilweise stark von den bundesgesetzlichen Vorgaben abweichen. Die nachfolgenden Streitstände orientieren sich zwar am VwVG, die behandelten Probleme stellen sich jedoch zumeist in ähnlicher Form auch auf landesrechtlicher Ebene.

Im Wesentlichen lassen sich zwei Arten der Verwaltungsvollstreckung unterscheiden: die **Vollstreckung wegen Geldforderungen** und die **Vollstreckung von Handlungen oder Unterlassungen**. Grundlage jeder rechtmäßigen Vollstreckung ist ein wirksamer und **vollstreckbarer Verwaltungsakt**. Die Rechtmäßigkeit dieses Verwaltungsakts ist hingegen unerheblich. Während Geldforderungen im Wege der **Beitreibung** vollstreckt werden, existiert für die Vollstreckung von Handlungen oder Unterlassungen ein ganzes Arsenal von Vollstreckungsmitteln, die sich in Voraussetzung und Rechtsfolge unterscheiden: die **Ersatzvornahme** nach § 10 VwVG, **Zwangsgeld** und **Zwangshaft** gemäß § 11 VwVG und **unmittelbarer Zwang** im Sinne von § 12 VwVG, wobei letztere Maßnahme aufgrund ihrer Eingriffsintensität entsprechend dem Verhältnismäßigkeitsgrundsatz stets nur als *ultima ratio* eingesetzt werden darf. Das eigentliche Verwaltungsvollstreckungsverfahren gliedert sich dabei grundsätzlich gemäß §§ 13 ff. VwVG in die drei Teile Androhung des Zwangsmittels, Festsetzung desselben und schließlich die Anwendung dieses Zwangsmittels. Hieran schließt sich die Beitreibung der Kosten für die Verwaltungsvollstreckung an, die ebenfalls problembehaftet sein kann (s.u. STREITSTAND 44).

Das Verwaltungsvollstreckungsrecht ist häufig in **polizeirechtliche Klausuren** eingebettet, wo es vor allem im Rahmen einer Zusatzfrage auftauchen kann.

Auch nach Eintritt der Bestandskraft des Grundverwaltungsakts können Umstände eintreten, die den Vollstreckungsschuldner berechtigten, die drohende Vollstreckung abzuwehren. Häufigstes Beispiel dürfte eine inzwischen erfolgte Zahlung der geforderten Geldsumme oder die Erklärung der Aufrechnung nach §§ 387 ff. BGB analog sein. Fraglich ist, ob nun mit der Verwaltungsvollstreckung fortgefahren werden kann. Dies hängt unmittelbar davon ab,

 **Streitstand** ⇨ **ob das Bestehen des Anspruchs eine Rechtmäßigkeitsvoraussetzung der Vollstreckung ist.**

a) Zivilrechtliche Theorie

Vereinzelt wird vertreten, dass die Rechtmäßigkeit der Vollstreckung unabhängig vom Bestehen des Anspruchs vorzunehmen ist.

Argument:

- Ausgehend vom Verweis des § 167 I 1 VwGO ins Zivilprozessrecht findet der zwangsvollstreckungsrechtliche Grundsatz des § 767 ZPO Anwendung, wonach das nachträgliche Erlöschen eines bereits titulierten Anspruchs nur im Wege der Vollstreckungsgegenklage geltend gemacht werden kann. Wehrt sich der Betroffene nicht auf diesem Wege, wird – unabhängig vom tatsächlichen Fortbestehen des Anspruchs – vollstreckt (Stichwort: *§§ 167 VwGO, 767 ZPO*).

b) Verwaltungsrechtliche Theorie

Ganz überwiegend wird das Bestehen des Anspruchs als Voraussetzung für die rechtmäßige Vornahme der Vollstreckung angesehen.

Argumente:

- Aufgrund ihrer Gesetzesbindung aus Art. 20 III GG darf die Behörde keine Vollstreckung eines Verwaltungsakts betreiben, wenn die aus dem Bescheid folgende Pflicht bereits erfüllt wurde (Stichwort: *Art. 20 III GG verhindert rechtmäßige Vollstreckung*).

- Auf Bundesebene ist explizit gemäß §§ 5 I VwVG, 257 I Nr. 3 AO die Vollstreckung einzustellen, wenn der Anspruch auf die Leistung erloschen ist. Dem folgen die Mehrzahl der landesrechtlichen Regelungen (Stichwort: *§§ 5 I VwVG, 257 I Nr. 3 AO*).

- Der Verweis der Gegenansicht ins Zivilprozessrecht aus §§ 167 I VwGO, 767 ZPO geht fehl, da §§ 167 I, 173 VwGO die Zivilprozessordnung nur subsidiär zur Anwendung gelangen lassen, wenn die Verwaltungsgerichtsordnung keine Regelungen zu einem bestimmten Problem enthält, was aber aufgrund der umfassenden Rechtsschutzmöglichkeiten der VwGO ausscheidet (Stichwort: *ZPO nur subsidiär anwendbar*).

Hinweise

- Aus dem letztgenannten Argument ergibt sich das Folgeproblem, welche verwaltungsprozessuale **Klageart** die richtige ist:

  - Zum Teil wird die **Feststellungsklage** – wahlweise auf Feststellung der Unzulässigkeit der Vollstreckung oder des Nicht(mehr)bestehens des titulierten Anspruchs – für die richtige Klageart gehalten.

  - Nach einer anderen Auffassung soll die **Anfechtungsklage** gegen die jeweilige Vollstreckungsmaßnahme einschlägig sein.

  - Eine dritte Ansicht hält das Erheben einer **Verpflichtungsklage** auf Widerruf des der Vollstreckung zugrunde liegenden Verwaltungsakts für statthaft.

- Besondere Schwierigkeiten ergeben sich im Zusammenhang mit der **Aufrechnung nach §§ 387 ff. BGB analog**, da die Aufrechnung zurückwirkt auf den Moment, in dem sich die Ansprüche zum ersten Mal gegenüberstanden. Hier gilt es zu unterscheiden:

  - Stellt der Grundverwaltungsakt nur deklaratorisch das Bestehen eines bestimmten Anspruchs fest, dann führt dessen Erlöschen nicht zur Unrechtmäßigkeit des Verwaltungsakts, so dass die Vollstreckung angegriffen werden muss.

  - Enthält der Verwaltungsakt aber darüber hinaus ein Leistungsgebot, welches statuiert, dass ein Anspruch zum Erlasszeitpunkt des Bescheids noch besteht, so wird dieser aufgrund der Rückwirkung der Aufrechnung rechtswidrig. Ist der Verwaltungsakt zwischenzeitlich in formelle Bestandskraft erwachsen, so muss entweder Verpflichtungsklage auf Rücknahme des Leistungsbescheids erhoben werden. Ist noch keine Bestandskraft eingetreten, ist die Anfechtungsklage statthaft.

Literatur

Erichsen/Rauschenberg, Jura 1998, 323 (324 f.)

Als klassische Fälle der faktischen Vollziehung von Verwaltungsakten sind Konstellationen bekannt, in denen eine Behörde oder ein begünstigter Dritter den durch Einlegung eines Widerspruches oder die Anfechtungsklage des Betroffenen entstandenen Suspensiveffekt des § 80 I VwGO ignoriert und den Verwaltungsakt dennoch vollzieht. Umstritten ist,

Streitstand  welcher Rechtsschutz gegen die faktische Vollziehung von Verwaltungsakten gewährt wird.

a) Theorie der einstweiligen Anordnung

Teilweise wird vertreten, dass gegen die faktische Vollziehung Rechtsschutz über den Weg der einstweiligen Anordnung nach § 123 VwGO zu gewähren ist.

Argumente:

- §§ 80 V und 80a III VwGO, die dem durch den Wegfall der aufschiebenden Wirkung seines Rechtsbehelfs Betroffenen seine Rechte sichern helfen, sind nicht einschlägig, da bei der faktischen Vollziehung der Suspensiveffekt gerade besteht, so dass dann gemäß der Kollisionsnorm des § 123 V VwGO auf die Regeln zur einstweiligen Anordnung auszuweichen ist (Stichwort: *Da §§ 80 V, 80a III VwGO nicht einschlägig sind, muss § 123 VwGO angewandt werden*).

- Wegen der Auffangnorm des § 123 VwGO besteht auch keine Regelungslücke, die von der Gegenseite mittels einer Analogie zum vorläufigen Rechtsschutz geschlossen werden müsste (Stichwort: *Keine Analogie mangels Regelungslücke*).

b) Theorie des vorläufigen Rechtsschutzes

Nach ganz überwiegender Auffassung bietet in Fällen der faktischen Vollziehung von Verwaltungsakten § 80 V VwGO (bzw. § 80a III VwGO) analog den notwendigen Rechtsschutz.

Argumente:

- Die Gegenmeinung irrt, wenn sie eine Regelungslücke mit Blick auf § 123 VwGO verneint, da diese Norm ausweislich ihrer eindeutigen Entstehungsgeschichte niemals für Fälle gedacht gewesen ist, in denen in der Hauptsache ein Verwaltungsakt angefochten werden soll (Stichwort: *Kein § 123 VwGO, wenn ein Verwaltungsakt angefochten wird*).

- Wenn man mit Hilfe von § 80 V VwGO die aufschiebenden Wirkung eines Verwaltungsakt anordnen kann, muss man erst recht in der Lage sein das Bestehen einer aufschiebenden Wirkung lediglich festzustellen (Stichwort: *argumentum a maiore ad minus*).

Hinweise

- Die von der überwiegenden Auffassung vertretene **Feststellungsentscheidung** hat den Nachteil, dass sie **nicht vollstreckt** werden kann. Um dem Gebot des effektiven Rechtsschutzes aus Art. 19 IV GG zu genügen, wird nach allgemeiner Ansicht **über § 80 V 3 VwGO analog** ein vollstreckungsfähiges Urteil im Sinne von § 168 VwGO gewährleistet, indem das Gericht die weitere Vollziehung des Verwaltungsaktes untersagt. Die eigentliche Vollstreckung erfolgt dann nach § 172 VwGO analog.

- Spiegelbildlich gelagert sind die Fälle der **faktischen Aussetzung**. Hierunter sind Konstellationen zu fassen, in denen die Behörde vom erfolgten Eintritt des Suspensiveffekts ausgeht, ohne dass ein solcher vorliegt. Entsprechend zu den Fällen der faktischen Vollziehung wird hier Rechtsschutz ebenfalls über **§ 80 V VwGO (bzw. § 80a III VwGO) analog** gewährt.

Literatur

Kirste, DÖV 2001, 397 ff.

Vollstreckungsabwehr und vollzogener Grundverwaltungsakt

Ist ein Verwaltungsakt nach den Regelungen des Vollstreckungsrechts vollzogen worden, macht die Behörde nach § 19 I VwVG i.V.m. §§ 337 I, 338 ff. AO bzw. den entsprechenden landesrechtlichen Regelungen die Kosten hierfür geltend. Wehrt sich der Betroffene nunmehr gegen diesen Kostenbescheid, ist umstritten,

 **Streitstand** ⟹ **ob der vollzogene Grundverwaltungsakt als Titel die Grundlage für den Kostenbescheid bildet und damit separat angefochten werden muss.**

a) Theorie der separaten Anfechtung

Insbesondere in der Rechtsprechung wird vertreten, dass der vollzogene Grundverwaltungsakt gleichsam als Basis für den Kostenbescheid fortwirkt und daher separat angefochten werden muss, wenn sich der Betroffene erfolgreich gegen den Kostenbescheid wehren will.

Argumente:

- Die Rechtmäßigkeit des Kostenbescheids hängt davon ab, ob die Vollstreckung selbst rechtmäßig gewesen ist, was wiederum nur dann der Fall ist, wenn ein vollstreckbarer Grundverwaltungsakt vorliegt. Diesen muss der Betroffene regelmäßig angreifen, wenn er sich gegen einen Kostenbescheid wehrt. Tut er dies nicht und lässt somit den Verwaltungsakt bestandskräftig werden, so kann er sich auch nicht gegen den Kostenbescheid wehren (Stichwort: *Grundverwaltungsakt als „Nucleus" des Kostenbescheids*).

- Entgegen der anderen Auffassung erledigt sich der Grundverwaltungsakt durch den Vollzug auch nicht, so dass eine Anfechtung sinnlos würde, sondern wirkt als Titel für den Kostenbescheid fort (Stichwort: *Titelfunktion des Grundverwaltungsakts*).

- Erledigung im prozessualen Sinne darf nicht bloß von dem unmittelbaren Verfügungsgehalt des Verwaltungsakts konzipiert werden, sondern muss allgemeiner fragen, ob ein Verwaltungsakt auch in jeder anderen Hinsicht rechtlich belanglos geworden ist (Stichwort: *Funktionaler Erledigungsbegriff*).

b) Ablehnende Theorie

In der Literatur wird dagegen die Notwendigkeit einer separaten Anfechtung des vollzogenen Grundverwaltungsakts abgelehnt, so dass eine Untersuchung der Rechtmäßigkeit des Grundverwaltungsakts im Rahmen der Anfechtung des Kostenbescheids erfolgt.

- Die Anfechtung eines vollzogenen Verwaltungsakts erscheint aus Sicht des Betroffenen sinnlos, da sich durch den Vollzug dessen Steuerungsfunktion erübrigt, so dass der Verwaltungsakt erledigt ist und keine Bestandskraft eintreten kann (Stichwort: **Keine Bestandskraft wegen Fortfalls der Steuerungsfunktion**).

- Befolgt der Betroffene das Handlungs- oder Unterlassungsgebot des Grundverwaltungsakts, so erledigt sich dessen Regelungsgehalt damit. Warum dies anders sein soll, wenn nicht der Betroffene den Forderungen des Grundverwaltungsakts nachkommt, sondern der Staat im Wege der Verwaltungsvollstreckung, leuchtet nicht ein, zumal das Ergebnis beide Male identisch ist (Stichwort: **Unzulässige Ungleichbehandlung von Selbstvornahme und Fremdvornahme**).

Hinweise

- Eng verknüpft mit dem vorliegenden Problem ist auch die Frage, **welche Steuerungswirkung** im Sinne von § 35 VwVfG ein Verwaltungsakt hat, der eine **Zahlungspflicht** enthält. Nach ständiger Rechtsprechung sind zwei Funktionen zu unterscheiden:

  - Zum einen besteht das Handlungsgebot in Form der Zahlungspflicht.

  - Zum anderen begründet der Verwaltungsakt ein Schuldverhältnis zwischen Staat und Bürger, aufgrund dessen die gezahlte Summe dauernd dem Staat zugeordnet wird und dieser einen Behaltensgrund für das Geld hat. Nach Zahlung greift mithin etwa ein öffentlich-rechtlicher Erstattungsanspruch des Bürgers nicht durch.

- Unabhängig von obiger Kontroverse muss jedenfalls dann eine inzidente Überprüfung des Grundverwaltungsakts bei der Anfechtung des Kostenbescheids stattfinden, wenn jener sich erledigt, bevor er bestandskräftig wird. Bestünde man auf die separate Anfechtung des Grundverwaltungsakts, würde dies zu Rechtsschutzlücken führen, weil diese in der Zeitspanne zwischen Erledigung und Bestandskraft durch die Erledigung (z.B. durch Vollzug) unmöglich ist. Der Bürger könnte zwar eine Fortsetzungsfeststellungsklage erheben, aber diese beseitigt nicht die Wirksamkeit des Verwaltungsakts und ließe die Vollstreckung und den Kostenbescheid damit unberührt.

Literatur

Enders, NVwZ 2000, 1232 ff.; *Seiler*, Verwaltungsrecht (2005), Rn. 194

Unter der Ersatzvornahme im Sinne von § 10 VwVG ist die Durchführung einer dem Pflichtigen durch Verwaltungsakt auferlegten Handlung durch Dritte zu verstehen. Geschieht dies durch die Behörde selbst, liegt eine Selbstvornahme vor, nimmt ein Dritter die Handlung vor, wird von einer Fremdvornahme gesprochen. Umstritten ist hierbei,

 **Streitstand** ⇨ **ob es sich bei der Fremdvornahme um einen Verwaltungsakt nach § 35 VwVfG handelt.**

a) Verwaltungsaktstheorie

Vereinzelt wird noch vertreten, bei der Ersatzvornahme handele es sich um einen Verwaltungsakt.

Argument:

- Das Vorliegen eines Verwaltungsaktes ist zu bejahen, da entgegen der Theorie vom Realakt bei der Ersatzvornahme eine Regelung gegeben ist: Diese liegt in der Duldungspflicht des Betroffenen, an dessen Stelle die Ersatzvornahme von der Behörde selbst oder durch einen von ihr Beauftragten durchgeführt wird (Stichwort: *Duldungspflicht*).

b) Realaktstheorie

Nach mittlerweile überwiegender Auffassung wird in der Ersatzvornahme ein Realakt gesehen.

Argumente:

- Die Konstruktion der Ersatzvornahme als Verwaltungsakt geht auf eine Zeit zurück, als gegen Realakte kein ausreichender Rechtsschutz gegeben war. Dies ist heute nicht mehr der Fall, so dass es der gekünstelten Einkleidung der Ersatzvornahme in den Mantel des Verwaltungsakts nicht mehr bedarf (Stichwort: *Verwaltungsakt unnötig, da auch ausreichender Rechtsschutz gegen Realakte vorhanden*).

- Die Ersatzvornahme stellt lediglich die tatsächliche Anwendung des vorher angedrohten Zwangsmittels dar, der kein Regelungsgehalt zukommt, wie er für einen Verwaltungsakt nach § 35 VwVfG erforderlich ist (Stichwort: *Kein Regelungsgehalt bei Ersatzvornahme*).

Hinweise

- Das gleiche Problem stellt sich beim unmittelbaren Zwang nach § 12 VwVG.

- Eine Rolle spielt das vorliegende Problem bei der Ermittlung der richtigen **Klageart** gegen eine Ersatzvornahme: Während die traditionelle Auffassung eine Anfechtungsklage fordert, kann nach herrschender Meinung gegen die Ersatzvornahme im Rahmen der allgemeinen Leistungsklage vorgegangen werden.

- Ist die Ersatzvornahme erfolgt, entfällt zwar die im Grundverwaltungsakt statuierte Handlungspflicht, doch wirkt der Ausgangsbescheid nach herrschender Ansicht als Grundlage für die Beitreibung der Kosten für die Ersatzvornahme sowie als Behaltensgrund im Falle einer erfolgten Zahlung fort (vgl. STREITSTAND 44).

- Im Polizeirecht existiert die Konstellation, in der die Behörde zur Gefahrenabwehr einschreitet, weil der eigentlich Pflichtige einer Primärverfügung nicht rechtzeitig greifbar ist. Wie die **Rechtsnatur** dieser **unmittelbaren Ausführung**, die von dem Sofortvollzug, bei dem der Pflichtige sich trotz gegenwärtiger Gefahr weigert, eine gebotene Handlung vorzunehmen, abgegrenzt werden muss, ist umstritten:

  - Eine Mindermeinung erblickt in der unmittelbaren Ausführung einen **zusammengesetzten Verwaltungsakt**, bei dem zu vollstreckender Verwaltungsakt, Androhung und Festsetzung des Zwangsmittels sowie dessen Anwendung in einem Akt zusammenfallen.

  - Die heute herrschende Ansicht betrachtet die unmittelbare Ausführung ebenfalls als **Realakt** und verweist auf den ausreichenden Rechtsschutz hiergegen. Die Gegenmeinung wird als konstruiert verworfen, zumal sie auch nicht zufrieden stellend in der Lage ist, das Fehlen eines Adressaten wie ihn § 35 VwVfG vorsieht zu erklären.

Literatur

Schenke, Polizeirecht, in: *Steiner*, Besonders Verwaltungsrecht (2003), Rn. 294

Im Rahmen der Verwaltungsvollstreckung dient die Festsetzung und Beitreibung eines Zwangsgeldes im Sinne von § 11 VwVG bzw. den landesrechtlichen Vorschriften dazu, der Verpflichtung des Betroffenen eine Handlung vorzunehmen oder zu unterlassen Nachdruck zu verleihen. Das Zwangsgeld ist demnach Beuge- und nicht Sanktionsmittel. Umstritten ist daher,

 **Streitstand** ⟹ **ob ein Zwangsgeld bei Verstößen gegen Handlungsverbote beigetrieben werden darf, wenn weitere Verstöße nicht mehr zu befürchten sind.**

a) Ablehnende Theorie

Vor allem in der Literatur wird die Möglichkeit der Festsetzung und Beitreibung von Zwangsgeldern in diesen Fallkonstellationen angezweifelt.

Argument:

- Die Festsetzung und Beitreibung des Zwangsgeldes stellt ein präventiv wirkendes Beugemittel dar, das bei Verboten, die aufgrund des Zuwiderhandelns des Betroffenen gegenstandslos geworden sind, seinen Sinn und Zweck nicht mehr erfüllen kann und nur noch eine repressiv strafende Funktion hat, welche aber mit dem ursprünglichen Telos des Zwangsgeldes unvereinbar ist (Stichwort: *Telos des Zwangsgeldes als präventives Beugemittel*).

b) Befürwortende Theorie

Die Rechtsprechung und die ihr folgende überwiegende Meinung vertritt demgegenüber die Auffassung, dass auch in diesen Fällen das Zwangsgeld festgesetzt und beigetrieben werden kann.

Argumente:

- Die ablehnende Theorie kann schon deshalb nicht richtig sein, weil danach die zwangsweise Durchsetzung von Unterlassungspflichten, die sich durch einmaliges Zuwiderhandeln erledigen, niemals möglich wäre (Stichwort: *Unmöglichkeit der Durchsetzung bestimmter Unterlassungspflichten*).

- Zwar kann das Zwangsgeld in dieser Konstellation seine präventive Beugewirkung nicht entfalten, doch leitet es seine vollstreckungsrechtliche Legitimation von der Androhung ab, der hier die eigentliche Beugewirkung zukommt. Diese kann die Androhung aber nur ausüben, wenn das Zwangsgeld im Falle des Zuwiderhandelns auch tatsächlich festgesetzt und

91

beigetrieben wird (Stichwort: *Androhung als präventives Beugemittel muss effektiv sein*).

Hinweise

- Der obige **Streitstand** ist in den Bundesländern **nicht von Bedeutung**, deren Vorschriften die Einstellung der Vollstreckung vorschreiben, wenn weitere Verstöße gegen die Unterlassungspflicht nicht zu erwarten sind, wie dies etwa in § 92 I Nr. 5 SOG MV der Fall ist.

- Neben der Festsetzung eines Zwangsgeldes besteht die Möglichkeit der Verhängung einer Zwangshaft, wie dies § 16 VwVG vorsieht. Allerdings ist darauf zu achten, dass es sich hierbei ausweislich des Wortlauts **„Ersatzzwanghaft" nicht** um ein **selbständiges Zwangsmittel** handelt, sondern nur angewendet werden kann, wenn die Beitreibung eines vorher verhängten Zwangsgeldes nicht möglich ist. Die Androhung der Ersatzzwangshaft als freiheitsbeschränkender Maßnahme muss dabei wegen Art. 104 II GG grundsätzlich durch einen Richter erfolgen.

- Im Zusammenhang mit den verschiedenen Zwangsmitteln ist besonders das **Verhältnis** zwischen der **Ersatzvornahme** nach § 10 VwVG und dem in § 11 VwVG normierten **Zwangsgeld** problematisch:

  - Zum einen wird die Meinung vertreten, die Verhängung eines Zwangsgeldes gehe der Ersatzvornahme stets voraus, da es die persönliche Freiheit des Bürgers regelmäßig weniger einschränke als die Ersatzvornahme.

  - Dem kann entgegengehalten werden, dass der obige Ansatz nicht alle Fälle erfasst: Es sind Konstellationen denkbar, in denen schon von vorneherein abzusehen ist, dass der Betroffene trotz der Verhängung eines Zwangsgeldes seiner Handlungs- oder Unterlassungspflicht nicht nachkommen wird. Hier kann es sich als weniger belastend erweisen, sofort über die Ersatzvornahme vorzugehen, um die Kumulation von Zwangsgeld und den Kosten der anschließenden Ersatzvornahme zu vermeiden.

Literatur

OVG Münster, NVwZ-RR 1992, 517 f.

Staatshaftungsrecht

Eine besonders komplexe und bis heute verworrene Materie des Verwaltungsrechts bildet das so genannte Staatshaftungsrecht. Als **Querschnittsmaterie zwischen öffentlichem Recht und Zivilrecht** beschäftigt es sich mit den unterschiedlichsten **Ansprüchen des Bürgers gegen den Staat** auf Schadensersatz, Folgenbeseitigung und Entschädigung.

Seit einem gescheiterten Kodifikationsversuch in den 1980er Jahren muss im Bereich des Staatshaftungrechts mit einer **Vielzahl von Anspruchgrundlagen** und Rechtsfiguren vorlieb genommen werden. Die bedeutendste, bereits vorkonstitutionelle Regelung zum Schadensersatz bildet die **Amtshaftung gemäß § 839 BGB i.V.m. Art. 34 GG.** Ausgehend von der Mandatstheorie, nach der noch der jeweilige Amtsträger für begangenes Unrecht persönlich haftete, wurde mit dem Inkrafttreten des GG dieser Anspruch des Bürgers auf den Staat umgeleitet, um ersterem einen solventen Schuldner zu gewährleisten.

Von Ansprüchen auf **Schadensersatz** zu unterscheiden sind **Entschädigungsansprüche**, der dem Gläubiger einen Ersatz des durch den Eingriff in sein Vermögen erlittenen Verlustes bieten, während der Schadensersatz den Gläubiger so stellen soll, wie er ohne das schädigende Ereignis stünde. Hierzu zählen die **Enteignung nach Art. 14 III GG**, die so genannte **ausgleichspflichtige Inhaltsbestimmung**, der **enteignungsgleiche Eingriff** nach §§ 74 f. Einleitung zum ALR in seiner richterrechtlich geprägten Ausformung sowie der **enteignende Eingriff** oder, soweit nicht Rechtsgüter des Art. 14 GG betroffen sind, **Aufopferungsansprüche**. Dieser gesamte Bereich des Staatshaftungsrechts ist in besonderem Maße von der Kasuistik des *BVerfG* – wie etwa dem Nassauskiesungsbeschluss – geprägt, die zur erfolgreichen Fallbearbeitung wenigstens in Grundzügen bekannt sein muss.

Der letzte wichtige und damit klausurrelevante Anspruch ist der so genannte **Folgenbeseitigungsanspruch**, über dessen normative Grundlage noch gestritten wird. Die grundsätzliche Existenz des Anspruchs gilt jedoch mittlerweile als anerkannt; er richtet sich stets auf die Wiederherstellung eines *status quo ante* und nie auf eine Naturalrestitution im Sinne von § 249 BGB.

Der Folgenbeseitungsanspruch – kurz: FBA – ist, egal ob er nun aus dem Rechtsgedanken des negatorischen Rechtsschutzes nach § 1004 BGB oder aus der Abwehrdimension der Grundrechte abgeleitet wird, heute gewohnheitsrechtlich anerkannt und daher auch in § 113 I 2 VwGO vorausgesetzt. Er gewährt einen Anspruch auf Beseitigung rechtswidriger Folgen staatlichen Handelns durch Wiederherstellung des Urzustandes unter der Bedingung, dass die Wiederherstellung tatsächlich und rechtlich möglich sowie zumutbar ist. Umstritten ist,

Streitstand ⇨ **ob beim Scheitern des FBA am Kriterium der Möglichkeit oder Zumutbarkeit ein Anspruch auf Folgenentschädigung an seine Stelle tritt.**

a) Kein Anspruch auf Folgenentschädigung

Überwiegend wird ein solcher auf Geld gerichteter Folgenentschädigungsanspruch nicht anerkannt.

Argumente:

- Der FBA ist auf tatsächliche Wiederherstellung, nicht auf – umfassenden – Schadensersatz gerichtet, weshalb sich ein Rückgriff auf den Rechtsgedanken des § 251 II 1 BGB verbietet (Stichwort: *Wiederherstellung ≠ Schadensersatz*).

- Zur Erfindung eines solchen Anspruchs beseht kein Bedürfnis, weil die bestehenden Probleme bereits mit der allgemeinen Staatshaftung – wie etwa der Amtshaftung oder dem enteignungsgleicher Eingriff – zu bewältigen sind (Stichwort: *Schutz durch allgemeine Staatshaftung reicht*).

- Die Zuweisung der allgemeinen Staatshaftung an die ordentliche Gerichtsbarkeit nach § 40 II 1 HS 1 VwGO wird so umgangen und die Verwaltungsgerichtsbarkeit mit ihr fremden Materien befasst (Stichwort: *Umgehung § 40 II 1 HS 1 VwGO*).

b) Anspruch aus § 251 II 1 BGB analog

Eine im Vordringen begriffene Ansicht leitet den Folgenentschädigungsanspruch aus dem Rechtsgedanken des § 251 II 1 BGB her.

Argumente:

- § 251 II 1 BGB trifft genau die Interessenlage. Dass sich der FBA manchmal im Wege der Rechtsfortwirkung in einen Geldanspruch umwandeln muss, ist in Konstellationen, in welchen den Bürger ein Mitverschulden analog § 254 BGB am rechtswidrigen Zustand trifft, ohnehin bereits anerkannt (Stichwort: *§ 251 II 1 BGB passt*).

- Als verlängerter Primärrechtsschutz im Wege der Fortwirkung des gescheiterten FBA ist der Folgenentschädigungsanspruch auch zutreffend der Verwaltungsgerichtsbarkeit zugewiesen so dass § 40 II 1 HS 1 VwGO mithin nicht umgangen wird (Stichwort: *Verlängerter Primärrechtsschutz*).

- Der Folgenentschädigungsanspruch führt zudem zu effektiverem Rechtsschutz im Sinne des Art. 19 IV GG, weil im selben Verfahren zugleich über einen Folgenentschädigungsanspruch als Minus zum FBA entschieden werden kann (Stichwort: *Art. 19 IV GG*).

Hinweise

- Die **Höhe des Geldanspruchs** wird vom Gericht nach **§§ 173 VwGO, 287 ZPO** geschätzt.

- Im Rahmen des **FBA** ist umstritten das **Kriterium** der **Zumutbarkeit**:

  - In der Rechtsprechung und der ihr folgenden Literatur wird das Kriterium der Zumutbarkeit als Korrektiv angewandt, wobei hierfür auf den Verhältnismäßigkeitsgrundsatz verwiesen wird.

  - Kritiker dieses Ansatzes bezweifeln, dass zur Einschränkung des FBA im Rahmen der Zumutbarkeit auf den Verhältnismäßigkeitsgrundsatz abgestellt werden kann: Dieser wurde als Ausfluss des Rechtsstaatsgebotes dafür entwickelt, die staatliche Machtausübung zugunsten des Bürgers zu begrenzen. Dieses zugunsten des Bürgers geschaffene Prinzip würde im Rahmen der FBA in sein Gegenteil verkehrt und letztlich gegen den Bürger gerichtet. Deswegen kommt es hiernach auf die Zumutbarkeit nicht an.

Literatur

Erbguth, JuS 2000, 336 ff.

Staatshaftung für mit öffentlichen Aufgaben betraute Privatunternehmer

Anstatt öffentliche Aufgaben (z.B. Straßenausbesserungsarbeiten) selbst durch Beamten im beamtenrechtlichen Sinne zu erfüllen, greift der Staat häufig auf private Unternehmer zurück, die er im Rahmen privatrechtlicher Verträge an seiner statt tätig werden lässt. Nach funktionaler Betrachtung können diese Privaten als Beamte im haftungsrechtlichen Sinne des § 839 BGB anzusehen sein, wobei

Streitstand ⇨ **umstritten ist, wann ein Privater nach § 839 BGB haftet.**

a) Werkzeugtheorie

Früher wurde in der Rechtsprechung vertreten, es komme einzig darauf an, ob der private Unternehmer als selbständig Handelnder oder als weisungsabhängiger verlängerter Arm des Staates anzusehen sei.

Argument:

- Damit die Handlung eines Privaten im Auftrag des Staates mit der Handlung des Staates selbst vergleichbar ist, muss das Band zwischen beiden so eng sein, dass der Private als vollständig kontrolliertes und gesteuertes Werkzeug des Staates erscheint (Stichwort: *Privater als „verlängerter Arm" des Staates*).

b) Dynamische Zurechnungswertung

Die moderne Rechtsprechung greift auf ein flexibles Wertungssystem zurück, in welchem drei Topoi entscheidend sind:
(1) hoheitlicher Charakter der erfüllten Aufgabe;
(2) Sachnähe von Tätigkeit und Behördenaufgabe;
(3) Entscheidungsspielraum, Weisungsgebundenheit des Privaten.

Argumente:

- In der Wirklichkeit ist für den betroffenen Bürger oft schwer erkennbar, wie groß die Weisungsabhängigkeit des Helfers ist, so dass im Einzelfall der erkennbar hoheitliche Charakter der erfüllten Aufgabe ausreichen muss, um eine Amtshaftung zu begründen (Stichwort: *Erkennbarkeit für den Bürger*).

- Nur eine solche flexible Lösung kann eine Flucht des Staates ins Privatrecht verhindern, indem dieser seine Helfer einfach weisungsfrei stellt. Denn mag dann auch (3) gegen eine Amtshaftung sprechen, so kann durch (1) und (2) die Gesamtbewertung trotzdem zu einer Amtshaftung führen (Stichwort: *Keine Flucht des Staates ins Privatrecht*).

c) Quasiprivatrechtliche Haftung des Staates

Teilweise wird vertreten, dass der Staat – sobald er den Bereich hoheitlichen Handelns durch Hoheitsträger verlasse – einzig den Haftungsregeln eines Privaten unterstellt werden müsse. Von Entlastungen etwa nach § 831 I 2 BGB könne er deshalb wie ein Privater profitieren.

Argument:

- Ein besonderes Haftungsregime sollte den Staat genau dann treffen, wenn er von seiner Staatsmacht Gebrauch macht. Begibt er sich hingegen auf Augenhöhe mit dem einfachen Bürger, ohne dass sich dieser in einem Zustand unentrinnbarer Inferiorität befindet, gibt es keinen Grund, diesen vor dem Staat weitergehend zu schützen als vor anderen Private (Stichwort: *Besondere Amtshaftung nur bei besonderem Staatshandeln*).

Hinweise

- Hinter der Meinung c) steckt ein grundlegend verschiedener Zugang zur Staatshaftung, der im Einzelfall auch zu einer Ausweitung derselben führen kann. So kann hiernach auch im reinen Verwaltungsprivatrecht eine Staatshaftung anzunehmen sein, wenn sich eine unentrinnbare Inferiorität trotz privatrechtlicher Handlungsform handgreiflich ergibt.

- Besonders problematisch ist die Einordnung folgender beider Fallgruppen:

  - Die erste betrifft die **Teilnahme am allgemeinen Straßenverkehr zur Erledigung dienstlicher Aufgaben**:

    - Eine Ansicht stellt auf den Handlungszusammenhang ab und fragt nach einem hinreichend engen Kontext zwischen Amtsausübung und Schädigung.

    - Die Rechtsprechung geht von einer Gleichbehandlung aller Verkehrsteilnehmer aus und unterstellt nur solche Fahrten der Amtshaftung, die unter § 35 StVO fallen.

  - Auch im Hinblick auf **Verkehrssicherungspflichten**, wie etwa die Streupflicht für Straßen ist die Anwendbarkeit umstritten:

    - In der Literatur wird dies als hoheitliche Aufgabe betrachtet, deren Verletzung Amtshaftungsansprüche auslöst.

    - Laut *BGH* ist Anknüpfungspunkt einer Haftung eine Analogie zu § 836 BGB, da Private und die öffentliche Hand im Hinblick auf die von ihren Sachen ausgehenden Gefahren gleichbehandelt werden müssen.

Spätestens seit der gescheiterten Verabschiedung eines Staatshaftungsgesetzes des Bundes wird – mangels Spezialregelung – über die Anwendbarkeit der allgemeinen Amtshaftung nach § 839 BGB i.V.m. Art. 34 GG im Rahmen der Rechtssetzung diskutiert. Hierbei ist begrifflich zwischen normativem Unrecht, womit rechtswidrige untergesetzliche Normen wie etwa Satzungen gemeint sind, und legislativem Unrecht, das grundgesetzeswidrige Gesetze bezeichnet, zu unterscheiden. Besonders im Hinblick auf letzteres wird debattiert,

 **Streitstand** ⇨ **ob die Verabschiedung von verfassungswidrigen Gesetzen eine Amtshaftung auslöst.**

a) Ablehnende Theorie

Noch wird überwiegend davon ausgegangen, dass eine Amtshaftung für legislatives Unrecht nicht in Frage komme.

Argumente:

- Die verletzte Amtspflicht muss drittbezogen sein, also zumindest auch zum Schutz des Geschädigten gedacht sein. Dies ist bei Gesetzen regelmäßig nicht der Fall, da sie einen generell-abstrakten Charakter haben (Stichwort: *Keine Drittbezogenheit bei Gesetzen*).

- Ausweislich Art. 38 I 2 GG sind Parlamentarier nur ihrem Gewissen unterworfen und unterliegen somit keinen Amtspflichten, was aber eine Voraussetzung einer Amtshaftung bildet (Stichwort: *Art. 38 I 2 GG*).

- Die Amtshaftung soll von ihrer ursprünglichen Zielrichtung her die Konsequenzen aus dem Fehlverhalten eines Beamten gegenüber einem Bürger regeln und ist konzeptionell somit nicht auf die Haftung für legislatives Unrecht zugeschnitten (Stichwort: *Amtshaftung „passt" nicht für legislatives Unrecht*).

b) Befürwortende Theorie

Zunehmend wird eine Amtshaftung für legislatives Unrecht bejaht.

Argument:

- Das Hauptargument der ablehnenden Theorie kann nicht überzeugen, da die Grundrechte, die einen nach allgemeiner Ansicht einen individualschützenden Charakter aufweisen, so dass auch das Merkmal der Drittbezogenheit erfüllt ist (Stichwort: *Drittbezogenheit durch Grundrechte*).

Hinweise

- Der *BGH* hat nunmehr im Rahmen der so genannten „Altlasten-Fälle" eine **Amtshaftung für normatives Unrecht** für eine **fehlerhafte Bauleitplanung** begründet: Eine Gemeinde haftet demnach aus § 1 VI 2 Nr. 1 BauGB für die Ungefährlichkeit eines Bebauungsplans, indem ihr die drittbezogene Amtspflicht auferlegt wird, Gesundheits- und Vermögensnachteile der Bewohner, die sich unmittelbar aus der Unbebaubarkeit ihrer Grundstücke ergeben, auszugleichen. Die Drittbezogenheit der Amtspflicht lässt sich hier damit begründen, dass aufgrund des räumlich begrenzten Planungsgebiets jeweils nur ein beschränkter und überschaubarer Personenkreis durch die Bauplanung betroffen ist.

- Obwohl überwiegend von der Unanwendbarkeit der Amtshaftung für legislatives Unrecht ausgegangen wird, macht auch die herrschende Ansicht Ausnahmen für Konstellationen, in denen es um **Einzelfall- bzw. Maßnahmengesetze** geht: Hier sei eine Drittbezogenheit im Sinne des § 839 BGB i.V.m. Art. 34 GG gegeben.

- Einen anderen Sonderfall betrifft die Frage nach der Möglichkeit einer **Amtshaftung zwischen Verwaltungsträgern** untereinander. Ein geschädigter Verwaltungsträger kann nur Ausnahmsweise „Dritter" im amtshaftungsrechtlichen Sinne sein, wenn er formal-rechtlich von dem Schädiger selbständig ist und sich beide im konkreten Fall unabhängig einander gegenüberstehen.

- Zur ebenfalls strittigen Frage, ob Art. 104a V GG unmittelbar eine Haftung im Bund-Länder-Verhältnis begründet, vgl. hierzu auch STREITSTAND 57 in: *Diehn/Petersen*, Juristische Streitstände – Staatsorganisationsrecht (2004).

Literatur

Schenke/Guttenberg, DÖV 1991, 945 ff.

Mit nationalen Haftungsregelungen konkurriert auch eine Staatshaftung nach dem europäischen Gemeinschaftsrecht. Maßgeblich für die Haftung der Gemeinschaft selbst ist Art. 288 II EGV. Der sehr viel häufigere Fall betrifft dagegen Konstellationen, in denen Behörden der Mitgliedsstaaten gegen unmittelbar geltende Verpflichtungen des Gemeinschaftsrechts verstoßen. Während die eigentlichen Voraussetzungen eines solchen Anspruchs feststehen, besteht Uneinigkeit dahingehend,

Streitstand  **was die Anspruchsgrundlage der Haftung der Mitgliedstaaten für Verstöße gegen Europarecht bildet.**

a) Inkorporationslösung

Teilweise wird vertreten, dass die eigentliche Anspruchsgrundlage § 839 BGB i.V.m. Art. 34 GG ist, diese aber im Lichte der europarechtlichen Vorgaben ausgelegt werden muss.

Argument:

- Solange kein unmittelbar im Gemeinschaftsrecht wurzelnder Anspruch des Einzelnen gegen den Mitgliedstaat wegen Verstößen gegen Europarecht vorhanden ist, muss – ebenso wie im Rahmen der Beseitigung von europarechtswidrigen Verwaltungsakten – auf die Vorschriften des nationalen Rechts zurückgegriffen werden, welche dann entsprechend den Vorgaben des Gemeinschaftsrechts modifiziert werden (Stichwort: *Nationale Anspruchsgrundlage wird europarechtlich modifiziert*).

b) Eigenständigkeitstheorie

Demgegenüber wird angenommen, der Anspruch wegen Verstoßes einer nationalen Behörde gegen das Gemeinschaftsrecht wurzele direkt im Europarecht und habe seine normative Grundlage in dem *effet utile*-Grundsatz, Art. 10 EGV und dem Rechtsgedanken des Art. 288 II EGV.

Argumente:

- Die von der Gegenansicht vorgenommene Modifikation der nationalen Haftungsrechtsmaßstäbe ist tatsächlich eine gewaltsame Verbiegung des nationalen Rechts mit der Folge, dass in Wahrheit – bis auf die Bezeichnung – ein völlig neuer Anspruch zu prüfen ist (Stichwort: *Lieber gleich konsequent trennen*).

- Durch die Modifikation des nationalen Rechts besteht die Gefahr, dass die europarechtlichen Vorgaben auch das Recht der Mitgliedsstaaten sukzessive umgestalten, wodurch letztlich auch auf rein nationale Sachverhalte irgendwann eine europäisierte Prüfung angewendet werden wird (Stichwort: *Gefahr der „schleichenden Unterwanderung" des nationalen Rechts*).

Hinweise

- Die **Voraussetzungen** des europäischen Haftungsanspruchs sind (1) das Vorliegen einer Rechtsnorm, die bezweckt, dem Einzelnen subjektive Rechte zu verleihen, (2) ein hinreichend qualifizierter Verstoß gegen diese Rechtsnorm, (3) ein Schaden sowie (4) ein Kausalzusammenhang zwischen Rechtsverletzung und dem Schaden.

- Beachtenswert ist, dass das Verschulden ausdrücklich keine Anspruchsvoraussetzung darstellt, jedoch ist ein hoher Verschuldensgrad (1) Indiz für einen hinreichend qualifizierten Verstoß und (2) wird ein Mitverschulden des Gläubigerbürgers bei der Bemessung der Anspruchshöhe dennoch berücksichtigt. Dies geschieht nach der Theorie a) über § 254 BGB (analog) oder nach der Theorie b) über die Rechtsprechung des *EuGH*, wonach ein Anspruch begrenzt oder selbst gänzlich ausgeschlossen sein kann, „... wenn der Geschädigte sich nicht in angemessener Weise um die Verhinderung des Schadenseintritts oder die Begrenzung des Schadensumfangs bemüht hat".

- Wie fast alle Teilbereiche des Europarechts ist auch dieser stark durch die Rechtsprechung des *EuGH* geprägt, dessen wichtigste Urteile in diesem Bereich die folgenden sind:

  - *Francovich* – Haftung des Staates für eine nicht fristgemäß umgesetzte Richtlinie;

  - *Factortame* – Haftung des Staates wegen Verstoßes gegen den EGV durch aktives Handeln des Gesetzgebers;

  - *Brasserie du Pêcheur* – Haftung des Staates wegen Verstoßes gegen den EGV durch Unterlassen;

  - *Hedley Lomas* – Haftung des Staates für eine europarechtswidrige Verwaltungsmaßnahme;

  - *Köbler* – Haftung des Staates für europarechtswidrige Urteile.

Literatur

Christensen/Lerch, JA 2007, 427 ff; *Alexandre Ho*, Leitentscheidungen zum Europarecht (Sammlung und Aufbereitung der wichtigsten Entscheidungen im Europarecht)

Dem System der Amtshaftung nach § 839 BGB i.V.m. Art. 34 GG liegt die Mandatstheorie zugrunde. Das heißt, der Schadensersatzanspruch wird zunächst gegen den Beamten im haftungsrechtlichen Sinne begründet und danach auf den Anspruchsgegner „Staat" umgeleitet, damit der geschädigte Bürger in jedem Fall einen solventen Schuldner erhält. Trotzdem besteht nach Art. 34 S. 2 GG ein Rückgriffsanspruch des Staates beim Beamten. Keine Einigkeit besteht indes dahingehend,

 **Streitstand** ⇨ **welcher Haftungsmaßstab für den Rückgriff bei vertraglicher Bindung eines privaten Verwaltungshelfers anzunehmen ist.**

a) Restriktiver Rückgriff

Teilweise wird vertreten, ein Rückgriff gegen den Verwaltungshelfer komme nur bei Vorsatz und grober Fahrlässigkeit in Betracht.

Argumente:

- Der Wortlaut des Art. 34 S. 2 GG ist eindeutig: Zwar kann aus normlogischen Gründen der zivilrechtliche Begriff der groben Fahrlässigkeit wie etwa in § 277 BGB nicht verfassungsrechtlich ausschlaggebend sein, weil er einfachgesetzlich ist. Trotzdem bedient sich der Verfassungsgesetzgeber eines zivilistisch eindeutig vorgeprägten Begriffes, der deswegen auch entsprechend auszulegen ist (Stichwort: *Wortlaut von Art. 34 S. 2 GG*).

- Der Staat ist ausweislich der Formulierung „grundsätzlich" in Art. 34 S. 1 GG ungehindert, in Abweichung hiervon im Vertrag mit einem Privaten eine weitergehende Haftung vorzusehen; tut er dies nicht, muss es bei der Regelung des Art. 34 S. 2 GG bleiben (Stichwort: *Möglichkeit der Vereinbarung eines weitergehenden Rückgriffs*).

b) Extensiver Rückgriff

Die neuerdings herrschende Ansicht nimmt eine Rückgriffsmöglichkeit des Staates beim privaten Verwaltungshelfer schon bei einfacher Fahrlässigkeit an.

Argumente:

- Teleologisch rechtfertigt sich die Beschränkung des Regresses nach Art. 34 S. 2 GG dadurch, dass die Entschlussfreudigkeit des Beamten gefördert und der Fürsorgepflicht gegenüber demselben entsprochen werden soll. Dieser Normzweck greift jedoch nur bei Beamten im statusrechtlichen Sinne nach

§§ 78 I BBG, 46 I BRRG, so dass Art. 34 S. GG restriktiv auszulegen ist. (Stichwort: *Persönlicher Anwendungsbereich nur für Beamte im status-rechtlichen Sinne*).

- Der private Verwaltungshelfer bestimmt und versichert sein Risiko selbst und ist deshalb auch nicht schützwürdig (Stichwort: *Mangelnde Schutzwürdig-keit des privaten Verwaltungshelfers*).

Hinweis

Aus der Konstruktion im Sinne der Mandatstheorie ergeben sich interessante Konsequenzen:

- § 839 I 2 BGB und seine Subsidiaritätsanordnung schützen einzig die Staatskasse. Deshalb besteht freie Konkurrenz des Amtshaftungsanspruchs mit anderen Haftungsansprüchen gegen die öffentliche Hand.

- Der nach § 839 BGB zu erhaltende **Schadensersatz** umfasst regelmäßig **nicht** die **Naturalrestitution** nach § 249 BGB. Denn der Anspruch entsteht zunächst auch seinem Inhalt nach gegen den Beamten. Dieser ist jedoch im Gegensatz zur Körperschaft, der er angehört, persönlich nicht in der Lage, öffentliche Handlungen vorzunehmen. Also wird im Geiste des *ultra posse nemo obligatur* der Beamte erst gar nicht dazu verpflichtet.

- Art. 34 S. 1 GG nennt als Passivlegitimierten diejenige Körperschaft, „in deren Dienst" der Beamte steht. Entscheidend ist nach herrschender Ansicht aber eben nicht in erster Linie, zu wem das Dienstverhältnis besteht, sondern – ganz im ursprünglichen Sinne des Wortes *mandare*, das soviel bedeutet wie entsenden bzw. losschicken – wessen Mandat erfüllt wird, also welche Körperschaft dem Beamten die Aufgabe anvertraut hat. Dies ist gerade im Falle der **Organleihe** bedeutsam und hat die Konsequenz, dass die ersuchende Körperschaft passivlegitimiert ist.

Literatur

BGHZ 161, 6 ff.

Beim enteignungsgleichen Eingriff handelt es sich nach moderner Dogmatik um einen Aufopferungsanspruch im weiteren Sinne, welcher daraus resultiert, dass durch rechtswidriges öffentliches Handeln das Eigentum verletzt worden ist und so bereits wegen dieser Rechtswidrigkeit dem Betroffenen ein Sonderopfer abverlangt wird. Grundsätzlich kommt dazu jedes öffentliche Handeln in Betracht, sofern es sich nicht speziell um eine Enteignung nach Art. 14 III GG oder eine ausgleichspflichtige Inhaltsbestimmung handelt. Umstritten ist jedoch, ob

 **Streitstand** ⇨ **auch ein rechtswidriges formelles Parlamentsgesetz einen enteignungsgleichen Eingriff darstellen kann.**

a) Restriktive Ansicht

Vor allem die Rechtsprechung vertritt die Ansicht, im Erlass eines Parlamentsgesetzes könne niemals ein enteignungsgleicher Eingriff liegen.

Argumente:

- Ein Parlamentsgesetz ist eine allgemeine, abstrakte Regelung, betrifft damit die gesamte Rechtsgemeinschaft und kann damit *per definitionem* nicht zugleich ein Sonderopfer eines Einzelnen begründen (Stichwort: *kein Sonderopfer*).

- Gäbe man diese Beschränkung auf, wären gewaltige finanzielle Belastungen des Haushalts die Folge, zu deren Anordnung die Rechtsprechung nach dem Verfassungsgrundsatz der Gewaltenteilung nicht kompetent ist (Stichwort: *Gewaltenteilung zwingt zur Beachtung der Haushaltsprärogative des Parlaments*).

b) Extensive Ansicht

In der Literatur wird für eine weitergehende Staatshaftung aus enteignungsgleichem Eingriff plädiert.

Argument:

- Den Argumenten der Rechtsprechung ist entgegenzuhalten, dass ein großer Kreis von Betroffenen weder ausschließlich durch formelles Gesetz, noch in jedem Fall durch ein solches erzeugt wird: Einerseits gibt es Rechtsverordnungen, andererseits Maßnahmegesetze (Stichwort: *Gleichung „formelles Gesetz = viele Betroffene" geht nicht auf*).

Hinweise

- Ein ähnliches Problem stellt sich bei der Frage der Amtshaftung für legislatives Unrecht, vgl. hierzu STREITSTAND 49.

- Ansprüche aus enteignungsgleichem oder enteignendem – der einzige Unterschied zwischen beiden besteht darin, dass hier der Eingriff rechtmäßig ist und das ausgleichsbedürftige Sonderopfer speziell begründet werden muss – Eingriff bauen auf dem Aufopferungsgedanken auf und **konkurrieren** daher frei mit Amtshaftungsansprüchen. Verdrängt werden sie jedoch von speziellen Aufopferungsregelungen wie etwa § 2 I Nr. 8 ff. SGB VII.

- Als **Rechtsweg** ist nach § 40 II 1 Var. 1 VwGO der ordentliche Rechtsweg gegeben. Mit § 40 II 1 HS 2 VwGO sind lediglich ausgleichspflichtige Inhaltsbestimmungen gemeint. Als innere Systematik dieser Zuweisung ergibt sich so eine Konzentrierung des Primärrechtsschutzes bei den Verwaltungs- und des Sekundärrechtsschutzes bei den Zivilgerichten.

Literatur

Maurer, Allgemeines Verwaltungsrecht (2006), § 27 Rn. 91

Zur Begründung eines Entschädigungsanspruchs aus enteignungsgleichem Eingriff ist ein hoheitliches Handeln Voraussetzung. Rein begrifflich kann ein Handeln sowohl in positivem Tun als auch in einem Unterlassen bestehen, wobei im Zusammenhang mit dem enteignungsgleichem Eingriff umstritten ist,

Streitstand    **ob auch durch Unterlassen ein Anspruch begründet werden kann.**

a) Theorie des qualifizierten Unterlassens

Die Rechtsprechung lehnt einen Aufopferungsanspruch aus enteignungsgleichem Eingriff durch Unterlassen grundsätzlich ab, gewährt ihn aber ausnahmsweise dann, wenn das Unterlassen einem „in den Rechtskreis des Betroffenen eingreifenden" Tun gleichgestellt werden kann.

Argumente:

- Ein Unterlassen kann keine Enteignung nach Art. 14 III GG und deshalb auch nicht enteignungsgleich sein (Stichwort: *Vergleich Art. 14 III GG*).

- Die dem Eigentümer zugewiesene Rechtssubstanz muss angegriffen werden, um ein Sonderopfer zu begründen, was aber nur ausnahmsweise beim qualifizierten Unterlassen gegeben ist (Stichwort: *Substanzbezug*).

b) Theorie der Rechtspflicht

In der Literatur wird dem entgegengehalten, wie beim positiven Tun auch reiche bereits die Verletzung einer Rechtspflicht, um einen enteignungsgleichen Eingriff zu konstituieren. Die Handlungsmodalität des Tuns oder Unterlassens spiele keine Rolle.

Argumente:

- Der Verweis auf Art. 14 III GG verfängt nicht, weil er noch der alten Enteignungsdogmatik vor dem Nassauskiesungsbeschluss des *BVerfG* verhaftet ist. Der enteignungsgleiche Eingriff hat mit der Enteignung im Sinne des Art. 14 III GG nur noch den Namen gemein und fußt nach moderner Dogmatik auf dem allgemeinen Aufopferungsgedanken. Diesem wiederum steht aber ein Unterlassen nicht entgegen (Stichwort: *Moderne Dogmatik kappt Verbindung zu Art. 14 III GG*).

- Die Rechtsprechung führt zu merkwürdigen Differenzierungen: So soll etwa die Ablehnung eines Antrags auf Baugenehmigung ein qualifiziertes Unterlassen sein, die schlichte Nichtbescheidung hingegen nicht. Diese

Unterscheidung ist nicht einsichtig und entlarvt das Kriterium des „Qualifiziertseins" als willkürlich und unbrauchbar (Stichwort: *„Qualifiziert" als Kriterium ohne Aussage*).

Hinweis

Im Bereich der **Amtshaftung** bereitet das Unterlassen als solches keine großen Probleme. Vielmehr greift man auf die im allgemeinen Deliktsrecht entwickelte Figur der Verkehrssicherungspflicht zurück, um eine Rechtsgutverletzung zu begründen. Fraglich ist allerdings oft, ob diese als öffentlich-rechtlich oder privatrechtlich zu qualifizieren ist. Hier kommt die herrschende Auffassung dann zu einer öffentlich-rechtlichen Verkehrssicherungspflicht und damit auch zu einer Amtshaftung, wenn (1) eine gesetzliche Bestimmung vorliegt (so etwa §§ 41, 59 StrG BW) oder (2) durch erkennbaren Organisationsakt ein öffentlich-rechtlicher Erfüllungswille deutlich wird.

Literatur

Maurer, Allgemeines Verwaltungsrecht (2006), § 27 Rn. 92

Anspruchsinhalt beim enteignungsgleichen Eingriff

Wenn die Tatbestandsvoraussetzungen des enteignungsgleichen oder enteignenden Eingriffs vorliegen, stellt sich die Frage nach der Rechtsfolge, wobei

Streitstand  **Höhe und der Umfang des zu zahlenden finanziellen Ausgleichs umstritten sind.**

a) Schadensersatzbemessung

Teilweise wird vertreten, der Ausgleich aus enteignungsgleichem Eingriff sei analog §§ 249 ff. BGB an den Vorschriften zum Schadensersatz zu orientieren.

Argument:

- Weil nach moderner Dogmatik der enteignungsgleiche Eingriff nichts mehr mit einer Enteignung nach Art. 14 III GG zu tun hat, kann seine Rechtsfolge auch keine Entschädigung sein. Stattdessen muss zur vollständigen Interessewahrung des Bürgers der komplette Schaden ersetzt werden. (Stichwort: *Schadensersatz möglich wegen Unabhängigkeit von Art. 14 III GG*).

b) Entschädigungsansatz

Ganz herrschend wird als Rechtsfolge ein Anspruch auf Entschädigung gewährt, welche flexibel bemessen und am objektiven Verkehrsschaden nur ausgerichtet wird.

Argument:

- Die Berufung der Gegenmeinung auf die moderne Staatshaftungsdogmatik trägt nicht, weil gerade danach dem enteignungsgleichen und enteignenden Eingriff der Aufopferungsgedanke zugrunde liegt. Daher muss in jedem Einzelfall ermittelt werden, ob und in welcher Höhe ein Sonderopfer vorliegt. Der wertungsblinde Ersatz des zurechenbar kausal verursachten Schadens reicht dazu nicht aus (Stichwort: *Sonderopfer konkret-individuell zu ermitteln*).

Hinweise

- Mit der obigen Rechtsfrage hängt auch das Problem zusammen, inwiefern im Rahmen des enteignungsgleichen Eingriffs auch **Schadenspositionen an anderen Rechtsgütern** außer dem Eigentum berücksichtigt werden können. Während für die Mindermeinung jeder kausale Schaden ersetzt werden kann, darf die herrschende Ansicht ausschließlich eigentumsbezogene Sonderopfer berücksichtigen. Diese Auffassung behilft sich indes in solchen Fällen mit einem konkurrierenden Anspruch aus aufopferungsgleichem Eingriff, welcher Schadenspositionen an anderen Rechtsgütern erfasst. Deshalb hat dieser Streit nur dogmatische Relevanz, muss aber vom Bearbeiter durch Wahl der Anspruchsgrundlagen klar entschieden werden.

- **Passivlegitimiert** ist nach herrschender Lehre die durch das Sonderopfer begünstigte Körperschaft, also diejenige (1) welcher die Vorteile des Eingriffs unmittelbar zugeflossen sind oder – hilfsweise – diejenige (2) deren Aufgaben wahrgenommen worden sind. Zu Recht wird dies als unsystematisch und rechtsschutzfeindlich kritisiert: Erstens knüpft der Anspruch an eine Beeinträchtigung beim Bürger (im Gegensatz etwa zum öffentlich-rechtlichen Erstattungsanspruch, der sich auf die Bereicherung der jeweiligen Körperschaft bezieht) an und zweitens ist genau für den Bürger oft nicht ersichtlich, wer genau von seinem Sonderopfer profitiert hat. Deshalb sollte man kategorisch die eingreifende Körperschaft als passivlegitimiert ansehen.

Literatur

Maurer, Allgemeines Verwaltungsrecht (2006), § 27 Rn. 100 f.

Anwendbarkeit der GoA
im öffentlichen Recht

Die Geschäftsführung ohne Auftrag (GoA) nach §§ 677 ff. BGB ist ein zivilrechtliches Institut, welches eingreift, wenn ein Geschäftsführer ein Geschäft für den Geschäftsherrn besorgt, ohne von diesem beauftragt worden zu sein. Denkbar ist, dass in solchen Sachverhalten eine der involvierten Parteien keine Privatperson, sondern eine Behörde darstellt. Deshalb ist sehr umstritten,

 **Streitstand** ⇨ **ob die GoA auch in öffentlich-rechtlichen Sachverhalten zum Einsatz kommen kann.**

a) Befürwortende Theorie

Insbesondere von der Rechtsprechung des *BVerwG* und des *BGH* wird die GoA auch für öffentlich-rechtliche Sachverhalte angewendet.

Argument:

- Die Verwaltung kann bei der Ausübung hoheitlicher Aufgaben gleichzeitig auch Geschäfte eines Bürgers erledigen, so dass ein „objektiv auch fremdes Geschäft" vorliegen kann, was die Anwendung der zivilrechtlichen Regelungen über die GoA rechtfertigt (Stichwort: *Auch fremdes Geschäft*).

b) Ablehnende Theorie

In der Literatur wird die Anwendbarkeit der GoA für öffentlich-rechtliche Sachverhalte überwiegend abgelehnt.

Argumente:

- Die zivilrechtlichen Regeln der GoA eignen sich schon strukturell nicht für eine analoge Anwendung, weil sie durch den Grundsatz der Privatautonomie gekennzeichnet sind, während das öffentliche Recht seine Prägung durch das Prinzip der Gesetzmäßigkeit erfährt (Stichwort: *Keine Privatautonomie bei gesetzesgebundener Verwaltung*).

- Handelt die Verwaltung aufgrund eines Gesetzes, entfällt bereits das Merkmal des fehlenden Auftrages, wodurch die GoA entfallen muss (Stichwort: *„Auftrag" durch Gesetz*).

- Merkmal der GoA ist der Fremdgeschäftsführungswille. Der Verwaltung kann jedoch schwerlich unterstellt werden, dass sie sich – selbst in den Grenzen des § 679 BGB – dem Willen des Bürgers unterwerfen will oder kann (Stichwort: *Behörde kann keinen Fremdgeschäftsführungswillen haben*).

- Wird eine öffentlich-rechtliche GoA bei auch fremden Geschäften anerkannt, hat dies zur Folge, dass ein Handlungsakt der Verwaltung den Regeln zweier unterschiedlicher Rechtsregime zugeordnet wird: dem Privatrecht und dem öffentlichen Recht (Stichwort: *Eine Handlung, zwei Rechtsregime*).

- Die Anwendung der GoA zöge Erstattungsansprüche der Verwaltung in Bereichen nach sich, in denen sie sonst keine Kosten geltend machen könnte, weil diese durch Steuern bereits abgegolten sind (Stichwort: *Bürger „bezahlt" Leistung der Verwaltung mit Steuern*).

Hinweise

- Zum Teil ist die Anwendbarkeit der **GoA** durch den Vorrang öffentlich-rechtlicher Spezialregelungen sogar **ausgeschlossen**, so etwa für Krankentransporte nach § 133 SGB V oder landesrechtliche Regelungen der FwG für Löscheinsätze der Feuerwehr.

- Folgt man dem Ansatz der Rechtsprechung, stellt sich die Folgefrage, ob die **GoA** im konkreten Fall **privatrechtlicher oder öffentlich-rechtlicher Natur** ist, wobei hier herrschend auf die Rechtsnatur des jeweiligen Geschäfts – und nicht etwa die Qualität des Geschäftsführers – abgestellt wird.

- Hinzuweisen ist darauf, dass nach § 40 I VwGO für **Aufwendungsersatzansprüche der Behörde** gegen den Bürger der **Verwaltungsrechtsweg** gegeben ist.

Literatur

Medicus, Bürgerliches Recht (2007), § 17 Rn. 410 ff.

Stichwortverzeichnis